Johanna E. Fronzek

Kindheitsspuren und Scheidewege

Meinen Kindern

Johanna E. Fronzek

Kindheitsspuren und Scheidewege

Nachdenken über Briefe eines Mädchens

Projekte-
Verlag

Impressum

1. Auflage
© Projekte-Verlag 188, Halle 2006 • www.projekte-verlag.de

Satz und Druck: Buchfabrik JUCO GmbH • www.jucogmbh.de

ISBN   3-86634-161-X
Preis: 14,85 EURO

Wir können das Leben im Rückblick verstehen;
doch leben müssen wir es mit dem Blick nach vorn.

Sören Kierkegaard

Langsam geht sie von einem Raum in den anderen, betrachtet die hellen Flecken an den Wänden, wo die Bilder und die gerahmten Fotografien der Kinder und Enkel hingen, schiebt ab und zu eine der gepackten Kisten beiseite und bleibt in der bogenförmigen Türöffnung zum Wohnzimmer stehen. Der schwere, ovale Esstisch ist ausgezogen wie für eine Familienfeier, aber bedeckt mit Büchern, die verkauft oder verschenkt werden sollen. Sicher sind einige darunter, die sie später vermissen wird. Einer ihrer Söhne ist dabei, die aussortierten Bücher zu verpacken.

Sie muss Abschied nehmen; nicht nur von lieb gewordenen Dingen, einem schönen Haus und der gebirgigen Grenzlandschaft, aus der sie stammt, sondern auch von der Illusion, den Rest ihres Lebens in der Gegend verbringen zu können, in die sie vor einigen Jahren zurückgekehrt ist.

Die bevorstehende Trennung ist notwendig und zugleich schmerzlich, aber ihr bleibt keine Wahl. Es ist alles anders gekommen, als sie es sich vorgestellt und erhofft hatte. Die räumliche Entfernung zwischen ihr und den Kindern ist zu groß geworden, die herangewachsenen Enkel sind in den Ferien anderswo unterwegs. Ein Haus ohne fröhliche Betriebsamkeit, ohne Kinderlachen, Spiele und kleine Feste kommt ihr vor wie ein Garten ohne Blumen, ein Bach ohne Wasser. Gelegentliche Besuche wiegen die Leere nicht auf. Der Weg zu den alten Freunden ist weit. Es war schwierig, neue Beziehungen zu knüpfen unter Menschen, die in ihren eigenen, fest umrissenen Kreisen heimisch sind, sich jedoch gegenüber allem, was ihnen fremd geworden oder unbekannt geblieben ist, misstrauisch oder gar ablehnend verhalten. Eigentlich hatten selbst die hier ansässigen Verwandten nicht wissen wollen, wie es ihr in den Jahrzehnten ihrer Abwesenheit ergangen war, sondern lediglich gefragt, ob sie sich an diesen oder jenen gemeinsamen Bekannten erinnere, um dann zu ihren gewohnten Gesprächsthemen überzugehen. Sie gehörte nicht mehr zu ihnen, war anders geworden, eine Abtrünnige mit einer Lebensgeschichte, die sie nicht nachvollziehen konnten, mit Interessen, die sie nicht teilten. Vielleicht war ihre späte Rückkehr eine Enttäuschung für beide Seiten gewesen. Langsam hatte sie dennoch Fuß gefasst und die Naturschönheiten der Umgebung im Wechsel der Jahreszeiten intensiver erlebt als in ihrer Jugend und später in der Großstadt. Sie hatte nicht aufgehört, ihr Wissen an jüngere Menschen weiterzugeben und gleichzeitig von ihnen zu lernen, wodurch ihr neben der Anerkennung manch unerwartete Freundlichkeit zuteil wurde. Interessante Begegnungen sowohl in den östlichen Nachbarländern als auch im westlichen Ausland sind immer wieder anregend und ermutigend für sie gewesen. Gedankenverloren blättert sie in einem der Bücher.

„Leg dich oben ein bisschen hin, Mutter, du siehst müde aus", sagt der Sohn.

Sie lächelt und nickt. Vor dem großen, ovalen Spiegel in der Diele macht sie Halt. Sie wird darauf achten müssen, dass er in Decken eingehüllt und nicht beschädigt wird, wenn ihn die Möbelpacker in den Wagen laden. Prüfend betrachtet sie ihr Spiegelbild, löst einen Kamm aus ihrem feinen, weißen Haar und steckt eine lockere Strähne am Hinterkopf fest. Die straff nach hinten gekämmte Frisur hat sie bereits getragen, als sie noch aschblond war. Seit jener Zeit haben sich die Sorgenfalten, wie die Kinder sie schon vor Jahren nannten, tiefer in ihre Stirn gegraben, andere Linien um Mund und Augen sind hinzugekommen. Ihr Blick ist kritischer, wissender geworden, aber auch irgendwie nachsichtiger. Sie dreht sich vor dem Spiegel zur Seite. Manchmal beneiden Frauen ihres Alters sie um ihre Gestalt und Beweglichkeit sowie um den rascheren Schritt. Mag sein, dass ausgedehnte Spaziergänge, maßvolle Gewohnheiten beim Essen und tägliche gymnastische Übungen weder Behäbigkeit noch Trägheit aufkommen ließen, vielleicht war es auch nur ihr Hang zur Ungeduld mit anderen und sich selbst bei ihrer ständigen, oft vergeblichen Suche nach Harmonie.

An der Dielenwand lehnt noch unverpackt der Linolschnitt ‚Weg auf Hiddensee' von Zawadski. Sie mag diesen sich windenden Pfad, der auf ein fernes und dennoch erreichbares Ziel zusteuert. Als sie das in Erdfarben gestaltete Bild zum ersten Mal betrachtete, hatte sie es für unmöglich gehalten, jemals einen solchen Weg mit einem geliebten Menschen gehen zu können und doch ist gerade das nach Jahren geschehen. Die Wege des Lebens sind mitunter recht verschlungen, denkt sie. Für das Bild wird sicher ein guter Platz zu finden sein.

Ohne sich am Geländer festzuhalten, steigt sie die Holztreppe hinauf und öffnet die Tür ihres kleinen Arbeitszimmers. Die riesigen Robinien und Ahornbäume vor dem einzigen Fenster machen es ein wenig dunkel im Sommer, schirmen es aber gleichsam ab mit ihrem Blätterdach. Im Winter ist vom Schreibtisch aus eine Bergkette durch die kahlen Zweige zu sehen. Dieser je nach Jahreszeit wechselnde Ausblick wird ihr fehlen in der Stadtwohnung inmitten von Häuserzeilen, aber dort wird es andere Vorzüge geben, allem voran die Nähe derjenigen Menschen, die sie am meisten liebt.

Als sie sich auf dem mit dunklem Baumwollstoff bezogenen Sofa ausstrecken will, fällt ihr Blick auf einen kleinen Kasten, der immer noch herumsteht, obwohl alles andere verstaut ist. Er stammt aus dem Nachlass ihres Vaters, ist fest verschnürt und an den Kanten ziemlich abgestoßen. ‚Briefe und Aufzeichnungen' steht in feiner, wie gestochen wirkender Sütterlin-Schrift darauf. Sie schiebt den Kasten mit der Fußspitze beiseite und überlegt, was sie damit machen soll. Aus einer seltsamen Scheu heraus hat sie ihn nie geöffnet, es aber auch nicht übers Herz gebracht, ihn wegzuwerfen. Nun wird sie nicht mehr umhin können, sich entweder für das eine oder für das andere zu entscheiden.

Zögernd löst sie das Band, das der Vater vor vielen Jahren geschnürt hat. Alte Schulhefte kommen zum Vorschein, abgegriffene mit blassgrünen Umschlägen, eng beschrieben von Kinderhand. Ein eigenartiges Gemisch von Neugier und Beklemmung befällt sie. Zunächst blättert sie wahllos darin herum, liest kurze Textpassagen. Die Schrift kommt ihr bekannt vor. Nun hat sie die Neugier gepackt. Ihre Hände zittern ein wenig, als sie die Lesebrille aufsetzt und das erste Heft aufschlägt.

Eckartsberg, am 18. Juli 1945
Liebe Ingelore! Wo bist du? Niemand kann es mir sagen. Ich schreibe dir trotzdem. Wenn ich deine Adresse habe, schicke ich den Brief ab.
Ich wollte dir auf Wiedersehen sagen, es ging aber nicht. Lissi und ich mussten schnell auf den Pferdewagen klettern, mit dem Mutti abgeholt wurde, weil sie nicht weit laufen kann. Vater hob sie hinauf, den Reisekorb auch. Lissi wollte noch ihre Babypuppe mitnehmen, aber der Mann auf dem Kutschbock knallte mit der Peitsche und fuhr einfach los. Großmutter musste ein Federbett über den Gartenzaun hängen, sie durfte es nicht auf den Handwagen laden, in dem Gretels Kinder saßen. Auf dem Sportplatz mussten alle lange in der Sonne warten. Du warst nicht zu sehen unter den vielen Leuten. Lissi und ich haben schrecklich geschwitzt, weil wir drei Kleider übereinander anhatten und darüber noch die schwarzen Schulschürzen. Jemand rief durch einen Lautsprecher, dass alle Deutschen ihr Geld und ihre Schmucksachen abgeben müssen. Mutti steckte uns Geldscheine in die Schürzentaschen, ein paar tausend Reichsmark. Kinder werden nicht durchsucht, sagte sie, aber ihr müsst leise sein. Als ein Soldat zu uns kam, sprach sie tschechisch

mit ihm, da ließ er uns in Ruhe. Vater steckte seinen Ehering hinters Hutband, weil er ihn nicht abgeben wollte, aber er verlor ihn unterwegs. Das erzählte er uns erst später. Eigentlich hatten ihm die Tschechen erlaubt, in unserem Dorf zu bleiben, aber er wollte uns nicht im Stich lassen und kam mit. Mutti denkt, er wird es hier nicht aushalten und wieder über die Grenze gehen. Als wir auf der anderen Seite der Neiße entlang fuhren, sagte sie: Dort drüben bei den großen Linden, das sind unsere Höfe, schaut noch einmal genau hin. Sie war traurig, aber sie weinte nicht. Ich habe sie nur ein einziges Mal weinen sehen. Da saß sie auf Großmutters Kanapee und sagte, sie muss zur Operation, weil sie Krebs im Unterleib hat. Ich war noch klein und dachte, das wäre ein Tier.

Hinter uns gingen viele Leute mit Taschen und Rucksäcken, manche zogen Handwagen oder schoben Kinderwagen. Dich konnte ich nicht sehen. Die Soldaten auf den Pferden schossen ab und zu in die Luft. Neben unserem Fuhrwerk ritt einer auf Vaters Rappen. Mutti sagte, das sind Freudenschüsse, weil wir unsere Ausweisung selbst bezahlt haben.

Weißt du, dass die Leute in unserem Dorf hunderttausend Reichsmark gesammelt und abgeliefert haben, damit sie nicht vertrieben werden? Sie sollten die explodierte Fabrik bezahlen, aber es hat nichts genutzt, sie mussten trotzdem fort. Ein Glück, dass der russische Kommandant es wenigstens verboten hat, die deutschen Männer zu erschießen.

Hinter der Grenze wurden wir durch die ganze Stadt gefahren und in einem Ort abgeladen, der Eckartsberg heißt. Großmutter kam dazu und verwünschte den Kutscher. Du wirst auch einmal im Straßengraben enden! schrie sie. Aber er lachte nur und fuhr los. Nach einer Weile nahm uns ein Schneider in sein Haus auf. Seine Frau kochte Tee für Mutti und machte ihr ein Bett zurecht. Am Samstag schlossen sie das Geschäft zu und feierten Sabbat. Auf dem Vertiko in ihrer guten Stube stehen silberne Schalen und ein großer Leuchter mit sieben langen Kerzen. Nun muss ich schließen. Es grüßt dich deine Hela.

Betroffen liest sie den Brief noch einmal, dann lehnt sie sich nachdenklich zurück. Aus kindlicher Sicht ist hier ein Beispiel für die so genannte wilde Vertreibung festgehalten, über die jahrzehntelang nicht gesprochen wurde, jedenfalls nicht in der Öffentlichkeit. Das Wort ‚Vertriebene' war zunächst durch ‚Flüchtlinge', dann durch ‚Umsiedler' ersetzt worden, der wesentliche Unterschied zwischen den Begriffen war mit der Zeit verwischt.

Sie versucht sich den Zug der tausend ausgewiesenen Dorfbewohner vorzustellen, wie er von berittenen Bewaffneten bis zur Grenze eskortiert wird und sich langsam in der Julihitze auf die nahe gelegene Stadt zu bewegt, in deren engen Gassen er dann immer wieder ins Stocken gerät. Kleine Kinder schreien vor Durst, Frauen versuchen sie zu beruhigen und weinen selbst. Ab und zu bricht ein überladener Handwagen zusammen und wird notdürftig wieder in Gang gesetzt. Einige ältere Leute tragen keuchend die dreißig erlaubten Kilogramm Habe auf dem Rücken. Die wenigen Männer, die sich unter den Vertriebenen befinden, sind merkwürdig still. Die Angst steht noch in ihren Gesichtern geschrieben, die sie am Morgen gepackt hatte, als es hieß, dass alle männlichen Bewohner des Ortes im Alter zwischen sechzehn und sechzig erschossen werden. Ein tschechischer Sozialdemokrat hatte jedoch eilends einen Boten zur russischen Kommandantur im nahe gelegenen Städtchen geschickt, der mit dem Befehl zurückkam, die Erschießungen zu unterlassen.

Hinter der Stadt löst sich der Zug in unterschiedlich große Teile auf. Auf einem Reisekorb am Straßenrand sitzt vornüber gebeugt eine junge, schwarzhaarige Frau und hofft, dass ihr Mann ein Quartier für die Nacht findet. Sie ist zu schwach um weiter zu gehen. Der Kutscher, der die Familie bis auf die Anhöhe gefahren und dort abgesetzt hat, ist längst mit dem Leiterwagen verschwunden. Endlich wird die Kranke behutsam in ein Haus geführt.

So oder ähnlich muss es gewesen sein, denkt sie, blättert die Heftseite um und beginnt den zweiten Brief des Kindes zu lesen.

5. August 1945

Liebe Ingelore! Wir wohnen jetzt in Halbendorf bei einem ange-heirateten Verwandten. Er heißt Morgenstern und hat einen Spi-rituosenladen, in dem er auch Lebensmittel verkauft. So steht es auf seinem Ladenschild. Er ist der Mann von Großmutters Cousi-ne, aber ziemlich unfreundlich. Wir sind ihm eine Last. Die Stu-be, die er uns abgetreten hat, ist im zweiten Stock. Mutti kann die vielen Treppenstufen nicht hinuntersteigen, dazu ist sie zu schwach. Hoffentlich dürfen wir bald wieder nach Hause.

Ein Briefkuvert habe ich hier nicht, aber ein paar leere Rechen-hefte und die Federmappe. Meine Schultasche durfte ich mitneh-men, meine Puppen leider nicht, nicht einmal die alte Glieder-puppe. Hoffentlich hast du eine Puppe bei dir.

Nun muss ich zur Apotheke gehen. Unterwegs will ich Wiesenblu-men für Mutti abpflücken. Mohnblumen und Kornblumen mag sie gern. Ihr Geburtstagsstrauß ist schon verwelkt. Vor drei Tagen ist Mutti dreiunddreißig Jahre alt geworden und ich bin jetzt auch neun wie du. An meinem Geburtstag hat sie eine Neun aus Zu-ckerln, hier heißen sie Bonbons, auf den Tisch gelegt und gesagt, dass ich jetzt schon ein großes Mädchen bin. Wenn wir wieder zu Hause sind, gibt es eine richtige Feier. Dazu lade ich dich ein. Deine Heli.

Abends: Ich muss dir noch mal schreiben. Charlotte Morgenstern hat zu Gretel gesagt, deine Schwester wird es nicht mehr lange machen. Das Morphium lindert ja nur die Schmerzen. Ich habe solche Angst. Vielleicht stimmt es gar nicht, dass Mutti bald ster-ben muss. Charlotte ist nicht mehr ganz richtig im Kopf, weil sie ihren Liebsten nicht heiraten durfte. Großmutter sagt, der Mor-genstern hat mit seinem Geiz sein eigenes Kind ins Unglück ge-stürzt. Wenn es aber doch wahr ist, dass Mutti bald stirbt?

Sie schiebt das Schulheft beiseite und stützt den Kopf in beide Hände. Plötzlich ist jenes Kind aufgetaucht, das ihr fremd und vertraut zugleich ist, aus einer Zeit, über die sie nie viel gesprochen hat, auch mit den eigenen Kindern nicht Warum muss sie sich gerade jetzt damit befassen, am Tag vor dem Umzug? Später wird mehr Ruhe und Zeit dafür sein. Sie versucht, das Kind und seine Welt aus ihren Gedanken zu verdrängen und wieder an die bevorstehende Veränderung zu denken. Es gelingt ihr nicht. Wie unter einem inneren Zwang nimmt sie das Heft wieder zur Hand. Die kindlichen Schriftzüge auf dem vergilbten Papier sind nicht immer leicht zu erkennen; blasse Bleistifteinträge und mit Tinte geschriebene Zeilen in Schönschrift wechseln einander ab, einige Blätter sind eingerissen oder umgeknickt, andere wellig von Wasser- und Tintenflecken.

11. August 1945
Liebe Ingelore! Heute war der Doktor bei Mutti. Er hat auf einen Rezeptzettel geschrieben, dass ihre Krankheit Ca des Uterus heißt und nicht ansteckend ist. Der Hauswirt Morgenstern wollte so eine Bescheinigung, weil er Lebensmittel verkauft. Großmutter war darüber sehr zornig. Der Doktor sagte auf der Treppe zu ihr, so etwas hat er noch nicht erlebt, es tut ihm leid für uns, aber wir werden jetzt wohl eine Aufenthaltsgenehmigung bekommen.
Mutti denkt, wir finden bald eine andere Bleibe oder wir dürfen wieder nach Hause. Hier kann sie keine Radium-Bestrahlung mehr bekommen. Wenn sie zu viel Schmerzen hat, nimmt sie eins von den Morphiumzäpfchen, die ihr der Doktor verschrieben hat. Der Apotheker sagt jedes Mal, wenn ich mit dem Rezept komme, dass wir sparsam mit dem Morphium umgehen müssen, weil es jetzt nach dem Krieg sehr knapp ist. In der Apotheke haben die Leute von Atombomben geredet, die in Japan gefallen sind. Viele tausend Menschen waren auf einmal tot. Ich dachte, der Krieg ist lange aus.

Weißt du, dass die kleine Bärbel bei dem Fliegerangriff in Dresden umgekommen ist? Sie hatte ein Dirndlkleid an bei unserem Faschingsfest und wollte den Tanz nachmachen, den Mariechen aus Reichenberg mit mir eingeübt hatte. Du weißt doch, ich musste die Arme gebeugt über dem Kopf halten und im Kreis herum trippeln. Bärbel versuchte es auch und alle lachten über sie. Jetzt ist sie tot und kann nie mehr Fasching feiern. Den Tanz hatte sich Mariechen beim Ballett im Theater abgeguckt. Das gelbe Röckchen mit roten Rüschen unten, das mir Mutti extra fürs Faschingsfest gemacht hatte, konnten wir leider nicht mitnehmen, Lissis Tirolerhut auch nicht, aber vielleicht hast du das Kleid mit, das du als Schneeweißchen anhattest. Es grüßt dich deine Hela.

17. August 1945
Liebe Ingelore! Heute war ich auf einer Wiese hinter dem Dorf. Ich habe mich ins Gras gelegt und den Käfern zugeschaut, die an den Halmen hochkletterten. Am Himmel waren lauter kleine, weiße Wolken. Auf einmal stand eine Bauersfrau neben mir und jagte mich fort. Ich möchte so gern wieder mit dir auf unseren Wiesen oder auf der Koppel zwischen den Höfen spielen. Dort hat niemand mit uns geschimpft. Weißt du noch, wie wir Lissis Puppe in einem Sandhaufen begraben haben? Die Trauermusik haben wir mit Topfdeckeln gemacht. Am nächsten Tag war die Puppe verschwunden. Wir haben uns nicht getraut, es jemandem zu sagen, weil wir sie beim Doktorspiel operiert und die Zellwolle aus ihrem Bauch geholt hatten. Zu Weihnachten saß sie unter dem Christbaum und war wieder ganz.
Wir haben eine Kanone in der Stube. Das ist ein runder, eiserner Ofen mit einer Platte aus Ringen. Muttis Bett steht am Fenster, Vaters neben der Tür. Lissi und ich schlafen auf dem Fußboden mit Decken. Die Dielen sind ziemlich hart. Großmutter hat ein Bett in Gretels Stube, die ein Stockwerk tiefer ist und größer als unsere. Wir spielen oft Mutter und Kind mit Gislinde, sie passt

gerade noch in den Babykorb. Wenn Siegfried uns ärgert, darf er nicht der Vater sein. Mit wem spielst du denn jetzt? Viele Grüße von deiner Hela

25. August

Liebe Ingelore! Großmutter und Anna haben Plinsen aus den Schalen von Erdäpfeln, hier heißt es Kartoffelschalen, gebacken. Geschmeckt haben die nicht, aber sie füllen den Magen, sagt Anna. Sie wohnt mit Onkel Oskar in Morgensterns Gartenhaus und zwar schwarz, denn sie haben keine Aufenthaltserlaubnis. Das kleine Haus ist das letzte an der Straße zum nächsten Ort und steht in einem großen Garten. Auf den Morgenstern sind sie nicht gut zu sprechen, weil er für ein paar Dolden Holunderbeeren zehn Pfennig verlangt hat. Ich wusste gar nicht, dass die Holunderbeeren Geld kosten, sie wachsen doch wild. Großmutter hat daraus Suppe für uns gekocht und dabei den Mund zusammen gekniffen wie immer, wenn sie sich ärgert. Löffelt sie langsam und bedächtig aus, sagte sie, so eine teure Holundersuppe habt ihr noch nie gegessen. Ich musste lachen, weil mir einfiel, wie wir beide einmal Holunderschnaps machen wollten. Weißt du es noch? Wir haben die Beeren in eine leere Flasche gefüllt, Wasser darauf gegossen und gewartet, ob es zu gären anfängt. Nach einer Weile hat es aber nur schrecklich gestunken. Jetzt würden wir so etwas Dummes nicht mehr spielen, nicht wahr, Ingelore?

28. August 1945

Liebe Ingelore! Mutti sagt, es ist eine gute Übung, wenn ich dir schreibe. Ich muss ihr die Briefe nicht zeigen, denn Freundinnen dürfen Geheimnisse miteinander haben. Als Weihnachten vorbei war, musste ich alles über die Feier und die Geschenke aufschreiben, das habe ich nicht gern gemacht, aber Mutti wollte, dass wir uns später daran erinnern.

Du kannst dir nicht vorstellen, wie Lissi und ich uns heute gefürchtet haben. Wir mussten bei den Bauern in Halbendorf um

Kraut betteln. Mutti gab uns ein Päckchen Süßstoff zum Tauschen mit. In den ersten Hof trauten wir uns nicht hinein, weil gleich ein paar Hunde losbellten. Auf dem zweiten Hof war der Hund an der Kette, aber die Bauersfrau brüllte, schert euch fort, wir haben selber nichts!

Im dritten Hof rannte uns auf einmal ein riesiger Köter mit offenem Maul und ganz spitzen Zähnen entgegen. Er sah aus wie Großmutters bissiger Bello, der immer an der Kette war. Wir konnten nicht mehr umkehren, der Hund sprang um uns herum. Endlich kam ein Mann aus der Tür und rief ihn zurück. Dann gab er uns einen Krautkopf für die Süßstofftabletten. Auf dem ganzen Rückweg haben wir gezittert. Ich hoffe, du musstest noch nicht betteln gehen wie deine Hela mit Lissi.

30. August 1945

Liebe Ingelore! Bist du in Westfalen? Ein paar Verwandte von uns sind dort gelandet, die anderen in Bayern. Ich glaube, beide Länder sind ziemlich weit von hier. Wir haben jetzt eine Aufenthaltsgenehmigung bekommen, weil Mutti so krank ist und Vater eine Arbeit als Holzfahrer hat. Samstagnacht ist er schwarz über die Grenze gegangen, um Lebensmittel bei Tantmarie zu holen. Sie durfte in K. bleiben, weil sie von den tschechischen Stammgästen in ihrem Gasthaus eine Bescheinigung bekommen hat, dass sie eine Antifaschistin ist. Sie muss aber auf der Straße eine weiße Armbinde tragen, damit jeder sieht, dass sie eine Deutsche ist. Einmal hat ein Kind ‚deutsche Schwein‘ zu ihr gesagt und vor ihr ausgespuckt. Das hat sie Vater erzählt und dabei geweint. Weißt du noch, wir beide haben immer in ihrer Gaststube zu Mittag gegessen, wenn wir am Nachmittag Handarbeitsstunde hatten. Da mussten wir den weiten Schulweg nicht zweimal machen. Wir waren immer heilfroh, wenn uns Tantmarie das Essen vorsetzte und nicht ihre kleine, strenge Schwiegermutter. Du kannst dir vielleicht vorstellen, wie sie erschrocken ist, als Vater mitten in der Nacht an ihr Kammerfenster klopfte. Ein Glück, dass ihn die

Grenzer auf dem Rückweg durch den Wald nicht geschnappt haben, sonst wäre sein Rucksack voller Esswaren futsch gewesen. Mutti kann leider nichts davon essen, sie verträgt nur Zwieback. Sie muss sich oft hinlegen und hat es gern, wenn ich auf ihrem Bett sitze und ihr die Füße streichle, die ein bisschen geschwollen sind, weil Wasser drin ist. Es grüßt dich deine Heli.

20. September 1945.

Nun fange ich ein neues Heft an, aber ich muss mit dem Papier sparen, sagt Mutti, also lasse ich die Anrede und die Unterschrift weg. Du weißt ja, dass ich alles nur dir schreibe und sonst niemandem. Großmutter hat solche Sehnsucht nach der Heimat, dass sie über die Grenze gehen will. Mutti ist damit nicht einverstanden, aber ich denke, Großmutter macht es trotzdem. Vielleicht bringt sie uns eine von unseren Puppen mit. Wir hatten ja das ganze Spielzeug ins Gedingehaus geräumt, weil auf Vaters Hof schon fremde Leute wohnten. Schade, jetzt können wir nicht mehr in den leeren Dienstmädchen-Kammern spielen. Dort standen die alten Truhen mit den Kleidern von ganz früher. Wir haben die langen Röcke angezogen und die Hauben mit den silbrigen Fäden aufgesetzt, die der Ururgroßmutter gehörten. Erinnerst du dich noch an das altmodische Hochzeitskleid und die Brautkrone? Ganz unten in der Truhe war eine lange Wasserpfeife von dem Urgroßvater, der in fremden Ländern gewesen ist.

Lissi und ich müssen bald hier in die Schule gehen. Wenn du bloß wieder neben mir in der Bank sitzen würdest! Hier gibt es für jede Klasse ein extra Zimmer, nicht nur zwei Räume für alle Klassen wie in K. Lissi möchte am liebsten gar nicht mehr zur Schule gehen, aber sie musste den Ranzen packen, den Großmutter immer Schultornister nennt. Lissi gefällt ihr Ranzen mit der Fellklappe nicht, sie möchte auch so eine Schultasche mit Riemen wie ich. Wir haben uns um ein Rechenheft gezankt und sind aufeinander losgegangen. Mutti verbot es uns zu streiten und sagte, die Klügere gibt nach, das wird wohl die Größere sein. Meine Schwester ist fast so groß und genau so stark wie ich, das weißt du ja, aber nachgeben muss immer ich, bloß weil sie zwei Jahre jünger ist als ich. Findest du das gerecht?

15. Oktober 1945

Es ist nicht so schwer in der Schule, wie ich dachte. Wir sind sechsundvierzig Kinder in der vierten Klasse. Die meisten lesen und schreiben schlechter als ich. Mutti freut sich, dass ich gut mitkomme, denn wir hatten ja über ein halbes Jahr keinen Schulunterricht. Lissi hat das Alphabet vergessen und muss jeden Tag üben. Sie geht jetzt in die zweite Klasse und ist froh, dass wir nicht mehr in derselben Schulstube sitzen. Mein Stundenplan sieht so aus: Montag eine Stunde Deutsch und eine in Schönschreiben, Dienstag nur zwei Stunden Rechnen, Mittwoch nichts, Donnerstag ist Handarbeiten bei Fräulein Jannasch in der Wohnung. Sie ist eine freundliche alte Jungfer, aber die frechen Mädchen nennen sie Jann-arsch hinter ihrem Rücken. Sie hat ein schönes rotes Plüschsofa und viele gehäkelte und gestickte Deckchen. Dann haben wir noch Rechnen in der Schule, am Freitag Heimatkunde und Lesen, Samstag wieder Heimatkunde und Deutsch. Ich möchte gern wissen, ob dein Stundenplan so ähnlich ist und wie es dir in einer fremden Schule gefällt.

Hier gibt es zwei Sorten von Kindern, Hiesige und Flüchtlinge. In der Schule müssen wir hochdeutsch sprechen, aber sonst reden alle hier in ihrem Dialekt. Er ist so ähnlich wie unser Dialekt, aber manchmal werden wir ausgelacht, weil wir Karfiol sagen statt Blumenkohl und Paradeiser statt Tomaten. Ribisbeeren heißen hier Johannisbeeren und Kukuruz heißt Mais. Wenn uns die hiesigen Jungen ärgern wollen, rufen sie ,böhmische Weiber!' hinter uns her. Mutti sagt, wir sollen uns nichts daraus machen, denn wir kommen ja wirklich aus Nordböhmen, aber Flüchtlinge sind wir nicht, sondern Ausgewiesene. Die Leute mit den Trecks aus Ostpreußen, die auf unseren Höfen übernachteten, waren Flüchtlinge. Erinnerst du dich an die ganz junge Flüchtlings-

frau, die unterwegs auf dem Planwagen ein Kind bekommen hatte? Gretel gab ihr ein paar von Gislindes Windeln ab.

Wie nennen euch die Leute dort, wo du jetzt bist? Hier sagen sie, wir sind Sudetendeutsche. Das hört mein Vater gar nicht gern, es ist ihm zu politisch. Er sagt, außerdem sind die Sudeten ein Gebirge, das viel weiter von uns entfernt war als die Lausitzer Berge oder das Jeschkengebirge.

25. Oktober 1945

Mutti hat mir einen Brief an Tante Berta diktiert, das ist Vaters zweitälteste Schwester, die einen großen Bauernhof im sächsischen Ullersdorf hat und sehr reich ist. Sie hat nur noch einen Sohn, der andere ist im Krieg gefallen mit einundzwanzig. Ich musste ihr schreiben: Liebe Berta! Damit meine beiden Mädchen nicht ins Kinderheim müssen, bitte ich dich, sie bei dir aufzunehmen und für sie zu sorgen. Deine Schwester Paula, die jetzt auch bei dir wohnt, wird dich sicher dabei unterstützen.

Soll das heißen, wenn Mutti nicht mehr lebt? Lissi und ich wollen nicht ins Kinderheim, aber zu Tante Berta auch nicht. Vielleicht wird Mutti doch wieder gesund. Es gibt ja auch Wunder. In der Zeitschrift mit den wahren Geschichten, die unten in Muttis Bücherschränkchen lag, habe ich von einer Frau gelesen, die unheilbar krank war. Als sie dachte, ihr Leben geht bald zu Ende, hat sie mit ihren Kindern eine schöne weite Reise gemacht. Da wurde sie auf einmal wieder gesund. Mutti kann leider nicht verreisen, außerdem ist es hier in der Ostzone sowieso verboten.

Wurde da nicht nach ihr gerufen, hat sie es überhört? Schnellen Schrittes kommt der Sohn die Treppe herauf und steckt den Kopf zur Tür herein.

„Ich muss los, Mutter", sagt er, „morgen früh holen wir dich ab, es ist alles vorbereitet."

Als er sich an der Haustür verabschiedet, spürt er, dass sie irgendwie bekümmert ist.

„Mach dir keine Sorgen, du wirst dich im neuen Domizil wohlfühlen, wenn du dich eingewöhnt hast. Du weißt ja, ich kann dich dort öfter besuchen als hier", tröstet er, „lass dir die Zeit nicht lang werden."

Sie lächelt, umarmt ihren Jüngsten und winkt ihm nach, bis er mit dem Auto um die Kurve biegt. Er kann ja nicht wissen, dass sie sich gerade mit einem verängstigten kleinen Mädchen beschäftigt, das auf ein Wunder wartet.

Sie schließt die helle, schwere Eingangstür und geht noch einmal durch das Haus. In dem geräumigen Wohnzimmer erscheinen die Fenster ohne Gardinen noch größer als sonst; sie nehmen nahezu die ganze Südseite des Raumes ein, vom Fußboden bis fast zur Decke. Eines Tages hatten sie verwundert vor diesen Fenstern gestanden, die aus Versehen eingebaut worden waren – eine jener seltenen angenehmen Überraschungen, die zur ständigen Freude wurde: ein unverstellter Blick auf die Krokuswiese im Frühling, das Rosenrondell im Sommer, die bunten Büsche im Herbst und die Schneedecke im Winter. Wie oft hatten sie vom Frühstückstisch aus ein Amselpärchen beobachtet, wie es die Wiese nach Regenwürmern absuchte und dabei ganz nahe ans Fenster kam. Die Mahlzeiten hatten sie stets in der Essecke des Wohnzimmers eingenommen; die Küche wäre dafür ohnehin zu klein gewesen. Sie ist immer nervös geworden, wenn mehr als zwei Personen darin hantierten. Schade, dass der Nachbar die Aussicht zur Straße hin mit einem hässlichen, viel zu großen Carport verbaut hat; dieser Anblick gehört zu den Dingen, die sie nach dem Umzug nicht vermissen wird. Sie geht durch die helle, offene Diele, die mit Kisten und Küchenteilen verstellt ist, und steigt wieder die Holztreppe hinauf. Durch die Fenster der oberen Räume, die nach Westen liegen, fällt schräg die Nachmittagssonne und malt Kringel auf den Holzfußboden, den jetzt kein Teppich mehr bedeckt. Draußen auf der anderen Straßenseite leuchten eine Linde und eine Birke in ihrem Herbstkleid, von einer riesigen Fichte flankiert.

Wie mag wohl jener Herbst gewesen sein, in dem das kleine Mädchen seine Ängste der Freundin anvertraute, fragt sie sich. Vor ihrem geistigen Auge entsteht das Bild einer jungen, von schwerer Krankheit gezeichneten Frau, die in einem Lehnstuhl am offenen Fenster sitzt. Will die Kranke wenigstens in Gedanken dem engen Gefängnis dieses einen Zimmers entrinnen? Ihr ovales Gesicht ist von tiefschwarzem, dichtem Haar umrahmt und bleich wie das Leinentuch, an das sie den Kopf lehnt. Ihr voller, leicht geöffneter Mund, das Grübchen im Kinn, die hohe Stirn mit den dichten, geschwungenen Brauen und die übergroß wirkenden braunen Augen lassen trotz der eingefallenen Wangen ahnen, wie schön sie einmal gewesen sein muss. Fragend und dennoch wissend, hart und sanft zugleich ruht ihr Blick auf dem Berghang, an dem das Herbstlaub der Bäume von der tief stehenden Sonne in ein mildes, fast unwirkliches Licht getaucht ist. Über jenen Berg verläuft die Grenze zu dem Land, aus dem sie kommt. Sie weiß, dass sie diese Grenze nicht mehr überschreiten wird, sondern nur noch jene letzte, endgültige. In der Zeit, die ihr noch bleibt, sind wichtige Dinge zu regeln. Sie nimmt ein Blatt Papier aus dem Buch auf dem Fensterbrett und macht ein paar Notizen darauf, dann schließt sie erschöpft die Augen.

Die andere, viel ältere Frau steht immer noch am Fenster und hängt ihren Gedanken nach. Schließlich erinnert sie sich an all die ungelesenen Hefte und setzt sich wieder an ihren Schreibtisch.

30. Oktober 1945
Stell dir vor, Großmutter ist heimlich nach Z. gefahren und einfach über die Grenze gegangen. Die Soldaten am Schlagbaum haben sie durchgelassen, sie hat kein Wort mit ihnen geredet. In

*ihrem langen Rock und dem schwarzen Kopftuch sah sie bestimmt
ganz ungefährlich aus. Als sie müde war von dem langen Weg,
hat sie sich auf die Stufen vor Wilfriedes Haustür gesetzt. Du kennst
doch Wilfriede, die große starke Frau mit den dicken Brillenglä-
sern Sie war mit ihren Kindern zum Fasching bei uns, weil sie
Muttis Freundin ist. Wilfriedes Mutter ist eine Tschechin, deshalb
wurden sie nicht ausgewiesen. Als sie die Haustür aufmachte und
unsere Großmutter entdeckte, ist sie sehr erschrocken, denn sie will
nur eine heimliche Verbindung zu uns und nicht deutschfreundlich genannt werden. Großmutter hat ein Glas Wasser getrunken
und ist weiter gegangen, bis in unseren Wald, wo sie ein paar
Fichtenzweige abgebrochen hat. Auf dem Rückweg hat ihr ein
fremder Mann die Zweige aus der Hand geschlagen, hat vor ihr
ausgespuckt und gebrüllt, sie soll sich ja nicht mehr blicken lassen.
Abends bekam sie ihre Krämpfe wie immer, wenn sie sich aufgeregt hat. Mutti war sehr ärgerlich über Großmutters Alleingang.
Nun schreibe ich dir noch etwas Lustiges. Lissi, Siegfried, und ich
waren heute in Morgensterns Gartenhaus. Du weißt schon, wo
Großmutters Schwester Anna und ihr Mann schwarz wohnen.
Dort gab es eine schöne Überraschung. Anna klappte die Sitze
von der Wandbank hoch, die bis oben hin mit Waffeln, Keksen
und Zwieback gefüllt war. Langt nur zu, sagte sie, das ist noch
Friedensware.
Es schmeckte uns, aber wir hatten ein schlechtes Gewissen dabei.
Onkel Oskar wollte uns auch etwas zeigen und ließ uns auf den
Heuboden klettern. Dort lagen viele Flaschen voll Schnaps und
Wein im Heu versteckt. Die verkauft der Geizkragen jetzt für teu-
res Geld, das ist ein Halunke, sagte er und schnappte sich eine
Flasche. Abends war er beschwipst und sang ganz laut: Auch du
wirst mich einmal betrügen, auch du wirst mich einmal belügen
... weiter kam er nicht, denn Anna hielt ihm den Mund zu. Sie
hatte Angst, dass die Polizei kommt und die Aufenthaltsbescheini-
gung sehen will. Onkel Oskar legte sich auf die Bank und schlief
auch gleich ein.*

Ich weiß ja nicht, in welcher Zone du jetzt bist, Ingelore. Die Ostzone ist von den Russen besetzt. Die russischen Soldaten hier sind nicht so klein wie die Turkestaner, die im Mai in unser Dorf kamen. Sie wollten unsere Pferde gegen ihre Ponys eintauschen, da hat Mutti ganz schnell tschechisch mit ihnen geredet. Vielleicht dachten sie, wir sind keine Deutschen, denn sie haben uns die Pferde gelassen und sind weggeritten. Treff hat sie angebellt, weil Lissi und ich uns gesträubt haben, als sie uns auf ihre struppigen Ponys heben wollten. Ich glaube, sie haben nur Spaß gemacht.

Unser Treff ist tot. Vater hat ihn hinter dem Hof mit der Jagdflinte erschossen, bevor wir fort mussten, damit ihn die fremden Leute nicht quälen. Hunde durften nicht mit über die Grenze. Ohne uns hätte es Treff aber nicht ausgehalten, er wäre uns immer nachgelaufen. Morgensterns haben keinen Hund, nicht einmal eine Katze.

Am Gemeindeamt hängt ein großes Plakat. Mutti wollte, dass ich es abschreibe. Darauf steht:

Auf höhere Anordnung wird zur Flüchtlingsfrage folgendes bekannt gegeben: Durch die Ernährungslage ist Sachsen zu einschneidenden Maßnahmen gegen alle Flüchtlinge gezwungen. Sachsen ist überbevölkert und steht vor einer Hungersnot, wenn keine Abwanderung der Flüchtlinge erfolgt. Alle Flüchtlinge müssen sich zu Fuß in Richtung Provinz Sachsen – Mark Brandenburg – Pommern – Mecklenburg auf den Marsch begeben. Großstädte sind unbedingt zu vermeiden, da diese keine Lebensmittel geben können. Auch Kranke dürfen nicht zurückgelassen werden, wenn sie nicht Hungers sterben wollen. Wer leben will, muss laufen! Der letzte Satz war dick unterstrichen. Anna und Oskar müssen jetzt weg von hier. Großmutter sagt, dass die Familie bald in alle Winde zerstreut sein wird.

Gretel hat sich mit Wilfriede im Wald getroffen und Esswaren
über die Grenze gepascht. Wilfriede hat auch zwei selbst gemachte
Stoffpuppen für Lissi und mich mitgeschickt, die gefallen uns
überhaupt nicht. Sie haben gestickte Augen und eine Tracht an
und sitzen können sie auch nicht. Lissi möchte ihre Babypuppe
wieder haben, die mit der kleinen Schildkröte im Nacken, und
ich hätte gern meine Gliederpuppe, die sogar bewegliche Hände
und Füße hat und früher Mutti gehörte. Die Stoffpuppen haben
wir Gislinde zum Spielen gegeben, sie ist ja noch klein und freut
sich darüber.
Beim Streit um einen Bleistift musste ich wieder die Klügere sein
und nachgeben. Als ich vor Ärger weinte, sagte Mutti, dich wird
man bald die Heul-Hele nennen, wenn du so weiter machst.
Lissi lachte schadenfroh. Es dauerte aber nicht lange, da hatte
sie nichts mehr zu lachen. Sie hat nämlich schon drei Tage die
Schule geschwänzt und ist auf der Zollstraße herum spaziert,
weil sie dachte, dort kennt sie keiner. Heute ist Vater ihr mit
einem Pferdefuhrwerk so schnell entgegengekommen, dass sie sich
nicht mehr verstecken konnte. Abends gab es ein Donnerwetter.
Sie musste versprechen, regelmäßig zur Schule zu gehen und nie
wieder zu schwänzen.

6. Dezember 1945

Aus dem Nikolauspäckchen, das von Anna kam, war die Schokolade gemaust. Mutti hat mich ins Niederdorf geschickt zu einem
Kolonialwarenladen. Dort habe ich Fondant gekauft. Lissi, Siegfried, Gislinde und ich haben alles geteilt. Na ja! Gislinde hat ein
bisschen weniger bekommen, sie kann noch nicht zählen.
Mutti hofft, dass die Grenze noch einmal verändert wird. Sie
möchte gern ihren früheren Arzt fragen, was er zu ihrem Zustand
meint. Großmutter war beim Roten Kreuz, aber dort wissen sie
auch nicht, wo er sich aufhält. Doktor Demuth ist Muttis letzte
Hoffnung. Sie hat jetzt Wasser in den Beinen und kann nur noch

ganz langsam laufen. Gretel sagt, wenn das Wasser bis zum Herzen geht, ist es aus. Das lässt der liebe Gott bestimmt nicht zu. Wenn Mutti bloß bald ihren Arzt findet!

23. Dezember 1945

Es hat geschneit und ist so kalt, dass die Nase zuklebt. Zum Glück sind die Mäntel für Lissi und mich schon fertig. Der Schneider, der neben uns wohnt, hat sie aus Vaters Mantel genäht. Wir hatten ja nur die Strickjacken mitgenommen im Sommer. Eigentlich sollten wir die Mäntel erst zu Weihnachten bekommen, aber bei dieser Kälte dürfen wir sie jetzt schon anziehen. Manchmal lassen uns hiesige Kinder auf ihrem Schlitten mitfahren, das macht Spaß, aber es dauert oft lange, bis wir wieder an der Reihe sind. Vorigen Winter wurden du, Lissi und ich noch mit dem Pferdeschlitten zur Schule kutschiert. Jetzt haben wir nicht einmal einen kleinen Rodelschlitten. Hast du einen, Ingelore? Manchmal muss ich an die Ausfahrt denken, die sich Mutti vorigen Winter gewünscht hat. Unter unseren Füßen lagen heiße Ziegelsteine, die in wollene Tücher eingewickelt waren. Die Pferde hatten kleine Glocken am Geschirr und wenn sie Trab liefen, klingelte es ganz schnell. Der Schlitten schaukelte in den Riemen hin und her, es kitzelte im Bauch, wenn Vater den Schlitten um die Kurven lenkte. Manchmal stieß er an die Zweige, die über der Straße hingen, dann rieselte Schnee herunter und wir lachten. Jetzt wäre so eine Ausfahrt viel zu anstrengend für Mutti. Unser Christbäumchen steht schon auf dem Tisch am Fenster, es ist eigentlich nur ein kleiner Wipfel, kein so großer Baum wie zu Hause, der bis an die Decke reichte. Wir haben Sternchen und Häuschen aus gelbem Papier ausgeschnitten und das Bäumchen damit geschmückt. Mutti hat einen schönen Schweifstern für die Spitze gemacht. Gestern haben wir sogar richtige Plätzchen gebacken. Mit einem Glas haben wir sie ausgestochen und mit einem Fingerhut in der Mitte kleine Löcher gemacht, damit wir Fäden durchziehen können zum Anhängen. Bis morgen müssen wir uns beherrschen und dürfen nicht davon naschen.

Heiligabend musste ich mit Lissi und Siegfried in ein Krippenspiel gehen. Ich wäre lieber bei Mutti geblieben. Es ging ihr nicht gut, aber sie wollte kein Morphium nehmen. Großmutter sagt, man kann davon süchtig werden. Weißt du vielleicht, was das ist? Wir können nicht mehr durch die Fenster sehen, denn beide sind bis oben hin zugefroren und voller Eisblumen. Mutti kommt sich jetzt wie in einem Gefängnis vor.

Lissi hat eine breite, gelbe Haarschleife vom Christkind bekommen und ich eine grüne. Alle bewundern Lissis dicke Zöpfe, aber wenn sie gekämmt wird, gibt es jedes Mal Theater. Großmutter sagt dann unwirsch, die langen Loden müssen abgeschnitten werden, doch Mutti erlaubt es nicht. Ich habe auch keinen Bubikopf mehr, mein Haar lässt sich aber noch nicht flechten, nur mit Zopfhaltern hinter die Ohren klemmen.

31. Dezember 1945

Es ist schon Silvester, und ich weiß immer noch nicht, wo du bist. Heute geht es Mutti etwas besser. Sie sitzt im Lehnstuhl am Fenster und stickt Blumen auf ein Stück Stoff. Weil wir kein Stickgarn haben, nimmt sie gelbes und rosa Stopfgarn dazu. Lissi und ich müssen einen dicken, grünen Fallschirmstrick so lange aufdrehen, bis er in grünweiß gesprenkelte Fäden zerteilt ist, die wir aufwickeln. Hier wurden nämlich in einer Fabrik Fallschirme für den Krieg gemacht, jetzt brauchen sie die Stricke nicht mehr. Mutti will für uns Mützen aus der Fallschirmseide häkeln, vielleicht auch Pullover.

Vater arbeitet als Holzfäller und verdient 25 Reichsmark in der Woche. Abends geht er meistens noch ins Dorf, um ein paar Kartoffeln oder etwas Weizen zu ergattern. Großmutter sagt dann, jetzt bettelt er um Körner und vor einem Jahr hat er noch selber Weizen abgeliefert, einen Zugochsen geschlachtet und ein Pferd gekauft.

Sie kann Vater nicht besonders gut leiden; ich glaube sie wollte nicht, dass Mutti ihn heiratet. Heute Nacht will er wieder über die Grenze gehen, um Lebensmittel bei Tantmarie zu holen. Er denkt, die Grenzer passen Silvester nicht so genau auf. Wenn sie dich schnappen, behalten sie dich drüben, und du musst ohne Lohn für sie arbeiten, hat Mutti zu ihm gesagt, aber er hat bloß mit den Schultern gezuckt.

Weißt du, Ingelore, was ich mir zum neuen Jahr wünsche? Dass Mutti wieder gesund wird und dass ich dich wieder sehe und wir uns alles erzählen können.

1. Januar (hier heißt es nicht Jänner) 1946
Zum Neujahr schreibe ich dir in ein neues Heft. Was glaubst du, wie ich mich heute auf dem Weg zur Kirche geschämt habe! Ich musste nämlich mein Weihnachtsgeschenk von den Morgensterns umbinden. Es ist eine Boa aus gelblichem Schaffell mit einer Schlaufe. Die langen zotteligen Haare hängen an mir herunter bis zum Bauch. Lissi haben sie einen breiten Kragen aus dem gleichen Fell geschenkt, der sieht ein bisschen besser aus. Hoffentlich muss ich das Zottelding nicht auf dem Schulweg um den Hals binden. Es sind nämlich 17 Grad minus draußen. Mir reichen schon die dicken, gestrickten Strümpfe mit den kratzigen Rillen, die jucken besonders schlimm, wenn man aus der Kälte in eine warme Stube kommt. Manche hiesigen Kinder haben schöne, weiche Trainingshosen, solche würde ich auch gern anziehen.

In meiner Klasse bin ich die Kleinste. Beim Turnen stehe ich immer als Letzte in der Reihe, den Anfang macht Gundula. Sie ist einen Kopf größer als ich und kommt aus Berlin, wo sie ausgebombt ist. Sie hat schönes, dunkles Haar und große, weiße Zähne, die ein bisschen vorstehen. Wenn sie mir auf dem Schulweg den Arm um die Schultern legt, rufen die Jungen ‚Pat und Patachon' hinter uns her, aber wir machen uns nichts daraus. Gundula hat mir ein Geheimnis anvertraut: Die Frau, zu der sie Mutti sagt, ist eigentlich ihre Tante, aber niemand darf es wissen. Die Tante ist sehr streng und wird immer ärgerlich, wenn Gundula im Dialekt *spricht oder den Bauch heraus streckt oder nicht ganz gerade sitzt. Mich hat sie auch schon ausgeschimpft, weil ich mit meinen Schuhen auf den gebohnerten Fußboden getreten bin, als mir Gundula ihren Christbaum zeigte, der mit Kugeln und Silberfäden geschmückt war.*

Du musst aber nicht denken, dass Gundula jetzt meine beste Freundin ist, das bist du für immer! Vielleicht hast du auch schon eine zweitbeste Freundin.

12. Januar 1946

Stell dir vor, Ingelore, wir werden bald woanders wohnen, und zwar in einem alten Haus mit Balkenbogen um die Fenster. Es ist ein Umgebindehaus wie Vaters Bauernhaus, aber kleiner. Daneben ist eine Brücke, die über einen Bach geht. Im Sommer haben wir manchmal dort gespielt. Der Bach ist nicht so tief wie die Neiße und auch nicht so breit.

Auf unserem Quartierschein steht, dass wir Ausländer und eine staatenlose Familie sind. Darüber hat sich Vater sehr aufgeregt. Er wetterte, dass er in Österreich-Ungarn geboren ist und nach dem ersten Weltkrieg tschechoslowakischer Staatsbürger wurde und es ihm egal war, zu welchem Staat er gehörte, Hauptsache es war kein Krieg, aber diejenigen, die immer heim ins Reich gebrüllt haben wie Willi, sind schuld an dem ganzen Unglück. Du weißt doch, mein Vater ist nie im Krieg gewesen wegen Muttis Krankheit und weil außer ihm nur noch Fremdarbeiter auf den beiden Höfen waren. Willi hat ihn deswegen madig gemacht, wenn er im Fronturlaub zu uns kam. Zur Hochzeit mit Gretel hatte er die Uniform als Unteroffizier an. Jetzt ist er in Kriegsgefangenschaft und Gretel wartet darauf, dass er bald Heimkehrer wird. Als er noch im Krieg war, hat sie mit Pjotr, unserem russischen Fremdarbeiter, angebändelt. Das Pflichtjahrmädchen Elli hat die beiden in der Scheune belauscht und gesehen, wie sie sich abgeküsst haben. Mutti war sehr zornig darüber. Ich habe an der Tür gelauscht, als sie mit Gretel schimpfte. Mutti sagte,

das kann Pjotr das Leben kosten und dich werden sie mit ge-
schorenem Kopf durchs Dorf führen, wenn Elli euch anzeigt.
Zum Glück ist das nicht passiert, weil niemand die beiden ver-
raten hat. Erinnerst du dich an die schönen Zeichnungen von
den Häusern, die Pjotr für uns gemacht hat? Vaters Wohnhaus
mit der Veranda gefiel ihm besser als Muttis Steinhaus. Einmal
hat er auch Gretels Kopf gemalt. Pjotr ist mit seinen Eltern aus
Weißrussland gekommen, dort hat er in der Schule Deutsch ge-
lernt. Er wollte studieren und Architekt werden, aber nie ein
Bolschewik sein. Alle hatten ihn gern, ich glaube du warst ein
bisschen verliebt in ihn. Ich war auch verliebt, aber mehr in den
lustigen Franzosen Pièrre. Komisch, er konnte kein ,H' ausspre-
chen. Mich nannte er ,Ela', dein Name war leichter für ihn,
Lissis auch. Als Willi Fronturlaub hatte und in der Uniform
herumstolziert ist, hat Pierre sich über ihn lustig gemacht. Hin-
ter Willis Rücken hat er ihn ,ein kleiner Itler' genannt. Vater
hat darüber gelacht, aber ich durfte es niemandem sagen, auch
dir nicht. Jetzt ist es ja nicht mehr gefährlich, und ich kann es
dir schreiben. Es wäre aber viel schöner, wenn wir miteinander
reden könnten, das denkst du bestimmt auch.

19. Februar 1946
Das Haus, in das wir umgezogen sind, hat ein riesiges Türschloss.
Den Hausschlüssel kann man in der Mitte knicken, aber dann
passt er immer noch nicht in die Manteltasche. Frau Hermann,
die Hauswirtin, hat Angst vor hergelaufenem Gesindel und wird
ärgerlich, wenn die Tür offen bleibt, aber sonst ist sie meistens
freundlich. Sie hat ein großes, abstehendes Hinterteil. Ich glaube,
Gislinde könnte darauf sitzen wie auf einem Kinderstuhl. Erst
wollte Frau Hermann unsere ,obdachlose Familie' nicht aufneh-
men und uns auch keine ,billigerweise zumutbare Unterstützung
gewähren', wie es auf der ersten Quartierzuweisung stand, aber
als sie zwei Räume ,durch polizeiliche Beschlagnahme' räumen
musste, hat sie es gemacht.

Wir haben jetzt einen großen grünen Kachelofen mit einem Git-
tertürchen vor der Wärmeröhre. Du weißt ja, so einen hatten wir
zu Hause auch. Manchmal muss ich an die kleine Katze denken,
die sich in der Nacht in die Röhre geschlichen hatte. Früh hat das
Dienstmädchen Feuer angemacht und das Türchen verriegelt, als
das Kätzchen noch schlief. Nach einer Weile hat es immer lauter
miaut und niemand wusste, wo es steckte, bis es nach verbrannten
Haaren roch. Als jemand endlich die Gittertür aufmachte, rannte
die Katze wie wild davon und ließ sich nicht einfangen. Am nächsten
lag sie tot auf der Tenne, ihr Fell war über und über versengt. Dir
hat sie auch sehr leid getan.
In unserer Stube sind hellblau gestrichene Bretter an den Wänden
unter den Fenstern. Das hält die Wärme und ist fast wie getäfelt,
sagt Mutti. Hier gefällt es ihr besser als in Morgensterns Haus.
Wenn sie sich im Bett aufsetzt, kann sie den Bach und die Bäume
am Ufer sehen und sogar den Kirchturm mit der großen, runden
Uhr, die abends wie der Mond aussieht, weil sie beleuchtet ist.
Jetzt hat Mutti oft Schmerzen, sie nimmt aber nicht immer Mor-
phium dagegen, weil sie sonst in einen Dämmerzustand gerät. Ich
sitze gern am Fußende von Muttis Bett und lese, aber wenn es ihr
schlecht geht und sie leise stöhnt, fangen die Buchstaben an zu
tanzen und ich muss alles ein paar Mal lesen. Der Arzt kann
Mutti nicht mehr helfen, nur noch der liebe Gott, sagt Großmut-
ter, und der hat sie wahrscheinlich vergessen.

28. Februar 1946
Meine Klassenkameradin Angela hat mir zwei Rechenhefte ge-
schenkt. Ihre Mutti hat einen Schreibwarenladen. Ich hätte An-
gela gern mehr von der Zirkusreiterin erzählt, die auch Angela
hieß und in einem Liebesroman vorkam, aber Mutti hat ihn mir
leider weggenommen, als ich auf der dritten Seite war.
Herr Rothe, unser Klassenlehrer, war im Krieg in Österreich. Jetzt
ist er Neulehrer und nicht sehr streng. In der Heimatkundestunde
hat er nach einheimischen und ausländischen Früchten gefragt.

Als ich an der Reihe war, habe ich Pomeranzen gesagt. Du kannst dir nicht vorstellen, wie die ganze Klasse gewiehert hat, bis Herr Rothe ,Ruhe!' brüllte. Dann erklärte er, dass es nur ein anderes Wort für Apfelsinen ist. Trotzdem haben einige aus meiner Klasse ,Pomeranze, Pomeranze!' hinter mir hergerufen auf dem Heimweg, aber Gundula und Angela haben mich in die Mitte genommen und ihnen den Vogel gezeigt. Hoffentlich hast du nicht solchen Ärger mit den Wörtern.

Frau Hermann singt heute abwechselnd ihre beiden Lieblingslieder. Es schallt durchs ganze Haus. Das eine geht so: Rosemarie...ii, Rosemarie...ii, sie-hie-ben Jahre mein Herz nach dir schrie...ii, Rosemarie...ii, Rosemarie...ii, aber du hörtest mich nie...ii. Nun bin ich aalt, nun bin ich aalt, aber mein Herze, das ist noch nicht kaalt... usw.

Das andere klingt noch schlimmer: Waarum weinst du, holde Gärtnersfraauu ...

Du kannst dir denken, dass ich dabei nicht gut Schulaufgaben machen kann, aber Mutti muss es ja auch aushalten. Gestern habe ich ihr die ersten Frühlingsblumen gebracht. Als ich draußen beim Bach an einen Baum gelehnt stand und so vor mich hin redete, schlich sich eine Nachbarin heran und gab mir einen Strauß Schneeglöckchen für Mutti. Mir war es ziemlich peinlich, weil ich nicht wusste, ob die Frau mein Selbstgespräch mitgehört hatte. Schneeglöckchen gehören zu Muttis Lieblingsblumen. Sie hat sich sehr darüber gefreut und mir einen Kuss gegeben. Ich kann dir gar nicht beschreiben, wie schön das war. Ich bin gleich noch einmal zu dem Baum gerannt und habe gebetet.

1. März 1946

Mutti hat sich von mir ein Blatt Papier und meinen Federhalter geben lassen, um ein Testament aufzuschreiben. Nach der Überschrift ,Mein letzter Wille' lehnte sie sich aufs Kopfkissen zurück und machte die Augen zu. Großmutter tauchte die Feder ins Tintenfass ein und Mutti schrieb weiter. Als Frau Hermann und ihr Bruder dazu ka-

men um zu unterschreiben, durften Lissi und ich nicht in der Stube bleiben, sondern mussten draußen auf der Treppe warten. An der Haustür hat Frau Hermann dann ihrem Bruder zugeflüstert: Sie hat ihr ganzes Vermögen drüben ihren Kindern vermacht, zu gleichen Teilen. Das Testament wird hinterlegt beim Amtsgericht.

Ich weiß nicht, was das bedeutet, will aber Großmutter nicht fragen, sie fängt dann bloß wieder an zu weinen. Vielleicht erklärt es mir Gretel.

7. März

Der Pfarrer war bei Mutti wegen der Krankensalbung. Erst hat er eine Weile mit ihr allein gesprochen, dann sind wir mit Großmutter wieder zu ihr hinein gegangen. Wir durften zusehen, wie er Muttis Stirn und Füße mit einem Wattebausch einrieb. Dabei hat er etwas auf lateinisch gemurmelt. Die Watte tunkte er in eine kleine Dose mit Öl. Großmutter nannte es ,letzte Ölung'. Auf dem Tisch lag eine weiße Decke, darauf standen zwei Kerzen. Sie flackerten ganz weißlich, weil es ja erst Nachmittag und noch hell war. Mutti lag die ganze Zeit sehr still im Bett. Sie hatte die Hände gefaltet und ihre Augen waren ganz weit offen. Großmutter sagte, sie kommt in den Himmel, weil sie so viel leiden muss. Sie soll aber kein Engel werden, sondern hier unten bei uns bleiben!

8. März, Aschermittwoch.

Mutti ist im Krankenhaus. Niemand hat es mir vorher gesagt. Als ich aus der Schule kam, stand ein Krankenwagen an der Gartentür. Zwei Männer vom Roten Kreuz trugen Mutti auf einer Bahre aus dem Haus und schoben sie mit dem Kopf zuerst in das Auto, wie ein Brot in den Backofen. Sie war mit einem weißen Laken zugedeckt. Der Fahrer stand dabei und sagte, seid vorsichtig, die junge Frau ist schwerkrank. Ich sah gerade noch, wie Mutti das Laken ein bisschen zurückschob und mir zuwinkte, dann wurde die Tür verriegelt, und ich stand da und der Krankenwagen fuhr weg. Mir ist ganz elend zumute.

25. März

Endlich haben wir Mutti im Krankenhaus besucht. Die Zugfahrt hat lange gedauert, wir mussten umsteigen. Großmutter konnte nicht so schnell laufen, wie Lissi und ich es gern wollten. Mutti liegt in einem hohen, hellen Saal, ihr Bett steht gleich neben der Tür. Sie ist die jüngste von den kranken Frauen. Als wir ankamen, hob sie den Kopf und lächelte uns zu. Lissi und ich haben ihr die Hände gestreichelt, ihre Finger sind ganz dünn geworden, der Ehering ist jetzt auch für den Mittelfinger zu groß. Die Ärzte haben das Wasser aus ihrem Leib abgesaugt. Sie ist erleichtert, aber so schwach, dass sie nicht aufstehen kann, denn sie wiegt nur noch vierzig Kilo. Das ist das Gewicht eines Kindes, sagte Großmutter auf der Heimfahrt. Wir haben Mutti versprochen, folgsam zu sein und keine Dummheiten zu machen. Wenn uns bange wird, sollen wir daran denken, dass sie im Krankenhaus besser versorgt werden kann als in unserer Unterkunft. Hoffentlich dürfen wir bald wieder zu ihr fahren.

3. April 1946

Sie dachten, ich höre nicht zu, weil ich Schularbeiten machte. Großmutter sagte zu Gretel, seit Aschermittwoch ist deine Schwester nun bettlägerig und am Karfreitag will sie sterben.

Gretel meinte, das macht bloß das viele Morphium, sie denkt ja auch, sie muss mit für eine andere Frau leiden, weil die nicht an Gott glaubt. Großmutter ließ sich aber nicht davon abbringen und sagte, sie hat einen starken Willen, es wird so kommen. Seit Mutti im Krankenhaus liegt, singt Frau Hermann oft ein Lied, das so geht: Es ist bestimmt in Gottes Rat, dass man vom Liebsten, was man hat muss scheiden ... Glaubst du, Ingelore, dass es immer so ist und auch für uns Kinder gilt?

Gestern haben wir Mutti wieder im Krankenhaus besucht. Eine von den Frauen in ihrem Zimmer machte ein böses Gesicht und drehte sich zur Wand, als wir Guten Tag sagten. Vielleicht ist es die ungläubige Frau, die Gretel gemeint hat. Wir mussten auf

dem langen Korridor warten, als der Doktor mit der Spritze für
Mutti kam. Dann durften wir noch einmal zu ihr, um uns zu
verabschieden. Die Krankenschwester sagte, eure Mutter muss jetzt
schlafen, das wird ihr gut tun.
Vater will sich von Morgensterns ein Fahrrad ausleihen, damit er
Mutti besuchen kann nach der Arbeit. Das Fahrgeld für den Zug
spart er für uns Kinder auf.

Es ist, als hätte sie einen schrillen Ton gehört, aber sie ist sich
nicht sicher, ob jemand an der Haustür geläutet hat. Sie wartet und lauscht. Da läutet es wieder, lauter und länger. Als sie
die Tür öffnet, sieht sie das Postauto wegfahren. Im Briefkas-
ten liegt ein Telegramm. Sie erschrickt. Mit zitternden Fingern faltet sie das Blatt auseinander. Es ist nur die Nachricht
von der Transportfirma, dass der Möbelwagen später als ge-
plant eintreffen wird. Sie hatte vergessen, die Nummer ihres
Mobiltelefons anzugeben, das Telefon ist bereits abgemeldet.
Noch immer überfällt sie beim Öffnen eines Telegramms die
Angst, es könnte etwas Schlimmes passiert sein mit einem ihr
nahe stehenden Menschen. Ist etwa eine Kindheitserfahrung
nur verdrängt und nie recht verarbeitet worden? Als lebens-
frohe, junge Frau, die ihre Studienzeit in vollen Zügen ge-
noss, fröhlich und unternehmungslustig, mitunter sogar über-
mütig war, hatte sie sich höchstens vor den Prüfungen ein
bisschen gefürchtet. Ängste tauchten erst wieder auf, als sie
selbst Kinder hatte, die zum wichtigsten Inhalt ihres Lebens
wurden. Je nach Temperament hatten die heranwachsenden
jungen Menschen mit heftigem Widerstand oder nachsichtiger Abwehr auf die Ängstlichkeit und ständige Besorgnis der
Mutter reagiert. Dabei wusste sie doch, dass schon das mit-
telhochdeutsche Wort ,angest' mit ,eng' zusammenhängt;
Angst also einschränkt, unfrei macht und selten etwas verhindern kann. Hätten sie alle besser mit ihrer Befindlichkeit um-

gehen können, wären jene frühen Erlebnisse einmal richtig zur Sprache gekommen und nicht nur wie beiläufig erwähnt worden?

Warum muss sie sich gerade jetzt diese Fragen stellen, wo doch genug anderes zu bedenken ist, und warum vertieft sie sich immer mehr in die Nachrichten eines Kindes aus einer längst vergangenen Zeit? Kopfschüttelnd, aber wie unter einem inneren Zwang beugt sie sich wieder über das Heft.

17. April 1946
Anna ist aus Bad Dürrenberg gekommen, um bei Mutti im Krankenhaus zu bleiben. Sie darf dort schlafen und essen, weil Mutti nichts mehr zu sich nimmt außer etwas zu trinken. Gretel sagt, der Stationsarzt macht eine Ausnahme für Mutti, weil sie so jung und tapfer ist. Sie bekommt auch immer genug Morphium, damit sie keine Schmerzen hat.
Großmutter hatte wieder ihre Krämpfe und kann noch nicht aufstehen. In diesem Zustand kann sie nicht mit uns ins Krankenhaus fahren, also werden wir morgen mit Annas Tochter Gerta hingehen. Gerta ist Lehrling bei einer Schneiderin in der Stadt.

18. April 1946
Mutti lag allein in einem kleinen Zimmer, als wir ankamen. Anna hatte ihr das Haar geflochten. Dass mein Haar lose auf die Schultern hing, gefiel Mutti nicht. Ich musste die Zopfhalter aus der Tasche holen und es feststecken. Mutti ließ sich von Anna stützen und half mir ein bisschen dabei. Dann gab sie mir ihren Ehering und Lissi ihr silbernes Kreuzchen und sagte, wir sollen immer zusammenhalten und aufeinander aufpassen. Wir versprachen es ihr. Sie sah uns lange an und machte dann die Augen zu. Gerta sagte, eure Mutti will sich jetzt ausruhen. An der Tür blieben wir stehen und warteten, bis Mutti wieder die Augen aufmachte. Sie winkte uns mit einer Hand zu. Von weitem sah sie

wie Schneewittchen aus mit den schwarzen Zöpfen auf dem wei-
ßen Bettzeug. Auf dem Weg zum Bahnhof weinte Gerta die ganze
Zeit. Vater war nicht da, der geizige Morgenstern hat ihm kein
Fahrrad ausgeliehen.

19. April 1946
Mutti ist gestorben. Ich hatte schon den ganzen Nachmittag dar-
auf gewartet, denn heute ist Karfreitag. Halb sieben Uhr kam der
Anruf zu Morgensterns Telefon. Ich spielte gerade mit Gislinde in
Gretels Wohnung. Weißt du, ich war richtig erleichtert, dass es
vorbei ist. Vor diesem Tag habe ich mich so sehr gefürchtet! Jetzt
muss ich nicht mehr denken, was wird wohl in vierzehn Tagen
sein und Angst davor haben. Ich hob die kleine Gislinde hoch, sie
klammerte sich mit den Armen und Beinen an mich und war
ganz warm und weich. Nach einer Weile musste ich zu meinem
Vater gehen und es ihm sagen. Auf dem Weg schien noch die Son-
ne durch die Bäume, ein paar Vögel zwitscherten, es war alles so
wie sonst und doch anders. Vater war lange still, und ich stand da
und wartete. Endlich sagte er, deine Mutter ist von ihrem Leiden
erlöst und mir war es nicht vergönnt, von ihr Abschied zu neh-
men. Da musste ich weinen.

Ostersonntag 1946
Manchmal wissen die großen Leute überhaupt nicht, wie uns Kin-
dern zumute ist. Heute wollte uns Großmutter ablenken und ist
mit Lissi und mir zu einem Platz im Niederdorf gegangen. Dort
drehte sich ein Riesenrad, sie nannte es Weibermühle. Eine Orgel
dudelte furchtbar dazu. Auch Schießbuden und Karussells stan-
den herum. Großmutter gab uns Geld für eine Fahrt auf so einer
Reitmaschine, aber wir wollten gar nicht fahren, sondern bloß
raus aus dem Gedudel und dem Staub. Sie hat sich getäuscht,
wenn sie dachte, es gefällt uns. Wir durften sogar die rosa Sonn-
tagskleider anziehen, du weißt schon, die mit der Smokpasse und
der Schleife vorn, in denen wir wie Zwillinge aussehen. Es war

nämlich ziemlich warm, Lissis Hand war ganz heiß. Als wir bei Morgensterns vorbei kamen, spielte Charlotte auf ihrem Schifferklavier. Immer, wenn ich Musik höre, ist mir zum Weinen zumute.

Ostermontag, 22. April

Gundel, so nennen wir Gundula in der Schule, hat mir eins von ihren Kreiseln geschenkt, und ich habe mir eine Kreiselpeitsche gemacht. Das geht ganz einfach. Du brauchst nur einen kleinen Stab mit einer Kerbe oben und eine Schnur. Die Schnur bindest du an der Kerbe fest und wickelst sie um den Kreisel. Dann ziehst du sie mit einem Ruck ab, und schon dreht sich der Kreisel auf einer glatten Straße. Bevor er zu torkeln anfängt, wird mit der Schnur dagegen geschlagen. Als wir am Nachmittag auf der Asphaltstraße kreiselten, kam die Tantenmutter vorbei und sagte zu mir, wie kannst du nur ein rotblau kariertes Blüschen anziehen, wo deine Mutter noch nicht unter der Erde ist. Ich habe ihr keine Antwort gegeben, sondern bin bloß weggerannt, damit sie nicht sehen konnte, wie mir die Tränen kamen. Jetzt kann ich diese hämische Frau erst recht nicht mehr leiden. Ich habe ja nichts Schwarzes anzuziehen, und außerdem ist die ganze Traurigkeit doch inwendig und nicht außen am Kleid. Ingelore, du verstehst bestimmt, dass deine Hela auch in einer bunten Bluse traurig ist.

23. April 1946

Liebe Ingelore! Heute Vormittag war Muttis Begräbnis. Jetzt ist es Abend, und ich weiß nicht, was ich machen soll, also schreibe ich dir, wie es gewesen ist. In der Kirche auf dem Friedhof saßen Lissi und ich zwischen Großmutter und Vater in der ersten Bank. Vor uns im Gang stand Muttis Sarg, ein Strauß von weißen Narzissen lag darauf. Es war ziemlich dunkel, weil nur zwei Kerzen auf den Leuchtern brannten. Als die Trauerfeier zu Ende war, trugen vier schwarz angezogene Männer den Sarg langsam aus der Kirche hinaus, luden ihn auf einen Karren und fuhren den Mittelweg hinunter. Lissi und ich mussten als Erste hinter dem Sarg *gehen, wir hatten die dunkelblauen Matrosenkleider an. Auf der Bahnfahrt habe ich noch schnell den roten Anker abgerissen und aus dem Fenster geschmissen. Mutti wollte eigentlich, dass wir weiße Kleider anziehen, aber wir haben ja bloß ein weißes Kleid, mein Kommunionkleid. Hinter uns gingen Großmutter und Anna, Vater und Gretel und ein paar Bekannte aus unserem Dorf. Endlich machten die Männer an einem von zwei ausgeschaufelten Gräbern Halt. Der Pfarrer betete noch einmal, dann ließen sie den Sarg an breiten Gurten langsam in das eine Grab hinunter. Großmutter schluchzte laut, andere weinten leise. Ich hatte nur die eine Sorge, dass ich mir die Stelle oder das richtige Grab nicht merken würde auf dem großen Friedhof. Ich musste als Erste vortreten und drei Handvoll Erde auf den Sarg werfen. Die Blumen, die ich in der Hand hielt, hätte ich fast vergessen. Manche Leute sagten, ach, ihr armen Kinder, als sie uns Beileid wünschten. Ich dachte die ganze Zeit nur, hoffentlich ist es bald vorbei.*

Auf einmal sagte Großmutter, dass wir gehen müssen, die Totengräber wollen anfangen. Auf dem Rückweg hörte ich, wie eine fremde Frau flüsterte, sie haben die Gurte nicht heraus gezogen. Der Sarg ist nur Attrappe und wird wieder verwendet. Jetzt nach dem Krieg wird eben an allem gespart. Die Toten werden nur in Leinensäcken begraben. Da bin ich furchtbar erschrocken und wollte unbedingt zum Grab zurücklaufen, um nachzusehen, ob das stimmt, aber sie ließen mich nicht.

Anna hat erzählt, dass Mutti manchmal dachte, unser kleiner toter Bruder sitzt auf ihrem Bett und will sie abholen, wenn sie stirbt. Als es dann so weit war, hat Anna ihr die Hand gehalten, und Mutti hat den Kopf zur Seite gedreht und nicht mehr geatmet. Anna ist jetzt sehr müde und will morgen wieder nach Bad Dürrenberg zu ihrem Mann fahren. Onkel Oskar hat Arbeit als Dreher in einem großen Werk in Leuna, das ist nicht sehr weit von ihrem Wohnort, aber er muss mit einer Straßenbahn hinfahren. Straßenbahnen gab es bei uns nur in der Kreisstadt. Bist du schon mal mit einer gefahren?

Ich gehe jetzt schlafen, und zwar in Muttis Bett, nicht mehr mit Lissi zusammen in das andere. Wenn ich die Augen zumache, denke ich, Mutti ist in der Nähe, nur unsichtbar, und ich rücke ganz nah an die Wand, damit sie genug Platz hat.

22. Mai 1946

Heute war ich mit Vater auf dem Friedhof, wo er ein Holzkreuz auf Muttis Grab gesetzt hat. Darauf steht auch ihr Mädchenname, den sie von ihrem Vater hat, der im Ersten Weltkrieg bei den Ulanen war und in Galizien gefallen ist. Da war Mutti erst zwei Jahre alt. Später bekam sie einen Stiefvater und Großmutter noch eine Tochter, die Gretel. Es ging nicht gut und Großmutter ließ sich scheiden. Das ist aber schon ganz lange her. Du warst noch gar nicht auf der Welt und ich natürlich auch nicht.
Das Holzkreuz hat Vater unten mit Teer angestrichen, damit es nicht fault. Auf der Bahnfahrt musste ich Acht geben, dass ich nicht mit meinen weißen Kniestrümpfen daran stoße, die wären sonst hin gewesen und ich habe keine anderen. Weißt du, was ich mir vorgenommen habe? Wenn ich groß bin und Geld verdiene, dann kaufe ich einen schönen schwarzen Grabstein mit goldener Schrift.

9. Juni

Lissi war heute zur Erstkommunion. Sie sah schön aus in meinem weißen Seidenkleid mit den vielen Rüschen. Am Abend vorher hat ihr Gretel viele Zöpfe geflochten, damit sie am nächsten Tag welliges Haar hat. Das hing ihr dann offen über den Rücken wie ein dunkler Schleier, nur ihre große weiße Schleife verrutschte immer. Frau Hermann meinte, es ist schade, dass Mutti nicht mehr dabei sein kann, aber ich denke, sie war es trotzdem, nur nicht so wie bei mir in der schönen großen Kirche bei uns daheim. Lissi saß auf der Kniebank und aß immerzu Plätzchen während der Messe. Das ärgerte mich, denn ich musste nüchtern sein und hatte Hunger. Unsere Kirche hier ist nur ein umgebauter Saal von ei-

nem Gasthaus, weil die meisten Leute evangelisch sind wie du und deine Eltern. Beim Fotografen ging es dafür schneller als bei mir, Lissis Bild ist viel schöner geworden als meins.

7. Juli 1946

Entschuldige, liebe Ingelore, dass ich dir so lange nicht geschrieben habe. Großmutter hatte in den letzten Wochen oft Krämpfe in der Nacht, dann war ich zu müde zum Schreiben.

Tante Berta musste auch ihren Bauernhof in Ullersdorf verlassen, obwohl er in Sachsen lag. Die polnische Grenze wurde verschoben und ein Stück von Sachsen abgetrennt. Tante Paula schrieb aus Westfalen, dass sie zwei Tage in einem Lager warten mussten und ihnen von der polnischen Kontrolle noch Sachen weggenommen wurden. Dann haben sie mit 200 anderen ausgewiesenen Leuten die Nacht unter freiem Himmel am Bahnhof verbracht und bei kühlem Wind auf Kohlenstaub und Asche gelegen. Am nächsten Tag wurden sie ärztlich untersucht und nach Westfalen abtransportiert, wo sie in zwei kleinen Zimmern wohnen. Tante Berta ist jetzt auch arm und kann uns nicht mehr aufnehmen. Lissi und ich wollten es ja sowieso nicht.

Es ist nur schade, dass unsere Lieblingstante Paula so weit weg ist. Bei ihr haben wir so gern gespielt. Am liebsten haben wir die feinen Damen aus ihren alten Modenheften ausgeschnitten, weißt du noch? Manchmal hat sie für uns Klavier gespielt und dabei gesungen. Am Gründonnerstag gab es immer eine Überraschung bei ihr, entweder Hasen aus Pappe, die mit Zuckerzeug gefüllt waren oder weiße Körbchen mit Schleifen. Einmal hat mich Lissi auf dem Klavierstuhl so lange gedreht, bis der Sitz abfiel und ich mit dem Kopf an Tante Paulas Nähmaschine knallte. Mutti kam mit einem breiten Messer gelaufen und drückte an meiner Beule herum. Alle waren um mich besorgt und Lissi war vor Schreck ganz still. Seitdem habe ich an der Stirn die kleine weiße Narbe, die kennst du ja.

Gestern Abend ist Vater über die Grenze gegangen, um in der Nacht ein Fahrrad von Tantmarie zu holen. Das muss er durch den Wald schmuggeln, aber er kennt sich ja gut aus auf den Wegen. Warum hat er das bloß nicht eher gemacht! Da hätte Mutti nicht umsonst auf ihn warten müssen, bevor sie gestorben ist.

Mitten in der Nacht bin ich aufgewacht, weil Großmutter laut röchelte. Lissi fing vor Angst an zu weinen. Ich knipste das Licht an, stieg auf Großmutters Bett und machte eine Grätsche über ihr. Dann drückte ich mit beiden Armen ihre Schultern aufs Kopfkissen, damit sie nicht aufstehen konnte. Das wollte sie nämlich, obwohl sie bewusstlos war. Die Krämpfe schüttelten sie hin und her. Ihre Lippen waren ganz blau und aus dem Mund kam Schaum. Es war ziemlich anstrengend, sie im Bett festzuhalten. Lissi zog sich an. Sie wollte lieber in der stockdunklen Nacht am Mühlgraben entlang gehen und Gretel holen, als bei der Großmutter bleiben. Als sie beide endlich ankamen, hatte sich Großmutter schon ein bisschen beruhigt. Gretel wechselte das Bettzeug und blieb noch bei uns, bis die Krämpfe aufhörten und Großmutter wieder ruhig atmete. Morgen wird es ihr leid tun, dass sie uns solche Scherereien gemacht hat, sagte Gretel, aber sie kann ja nichts dafür.

Lissi schlief gleich wieder ein, aber sie knirschte mit den Zähnen und raschelte dauernd mit der Bettdecke. Ich konnte immer noch nicht schlafen, als es draußen schon hell wurde und Vater zurückkam.

Großmutter weinte früh, weil sie noch so schwach war und uns keine Mehlsuppe kochen konnte. Wir hatten sowieso keinen Hunger, aber in der Schule fielen mir immer die Augen zu. Nun weißt du, Ingelore, was bei uns hier los ist.

Stell dir vor, Lissi hat sich heute ihr schönes, langes Haar abschneiden lassen, weil Großmutter mit dem Kämmen und Flechten nicht mehr zurechtkam. Der Friseur hat ihre dicken Zöpfe einfach behalten. Lissi hat jetzt einen Bubikopf mit einer Rolle oben. Sie muss sich erst daran gewöhnen, dass die Haare so lose herumhängen, sie schüttelt immer den Kopf. Hast du eigentlich noch Zöpfe und Mittelscheitel? Ein Glück, dass wir uns selber kämmen können, ich möchte nämlich mein Haar lang wachsen lassen.

15. August

Warst du schon einmal Ähren lesen, Ingelore? Das ist vielleicht mühselig! Außerdem ist der Weg zu den Stoppelfeldern sehr weit. Heute gingen Lissi, Siegfried und ich mit Großmutter über ein Feld, das schon ziemlich abgelesen war. Ich hatte ein weißes Kopftuch um, weil ich die Sonne nicht vertrage, das weißt du ja. Als ich es fester binden wollte und mich umdrehte, sah ich, wie Siegfried Ähren aus meiner Tasche klaute. Er stritt es ab, und ich durfte sie ihm nicht wieder wegnehmen. Beim Abendessen schwindelte er wieder deswegen. Da haute ich ihm vor Wut meine Gabel auf den Kopf, die Zinken nach oben. Davon bekam er Nasenbluten und ich einen furchtbaren Schreck. Großmutter schimpfte mit mir und sagte, ich wäre jähzornig wie mein Vater und könnte mich nicht beherrschen. Siegfried musste den Kopf zurücklegen und seine Nase hörte gleich wieder auf zu bluten. Jetzt gibt er schon wieder an. Mir war ganz schlecht wegen meiner bösen Tat.

26. August 1946

Heute kam ein Brief von Tantmarie. Sie ist in einem Lager, das früher eine Fabrik war und Aue-Hammer heißt. Dort muss sie vierzehn Tage bleiben und darf keinen Besuch bekommen. Sie hat nämlich jetzt auch die Heimat verlassen müssen, aber sie durfte ziemlich viele Sachen, auch Möbel und Geschirr, mitnehmen, und zwar in einem Eisenbahnwagen. Tante Berta und Tante Paula sind ja in Westfalen, Tante Josefine ist in Vorpommern mit ihrer Familie und Tante Hedwig in Sachsen-Anhalt, nur Tante Annel *ist noch in der Nähe. Vater und seine sechs Schwestern können einander nicht besuchen, aber sie schreiben einander viele Briefe. Schreibst du mir auch und weißt bloß meine Adresse nicht?*

2. September 1946
In der Schule gefällt es mir wieder gut, aber es gibt etwas anderes, das mir überhaupt nicht gefällt. Ich werde froh sein, wenn es vorbei ist. Ein paar Bauern hier aus dem Dorf haben dem Schulleiter gemeldet, dass sie ein Flüchtlingskind zum Mittagessen einladen wollen. Lissi ist von ihrem Klassenlehrer dazu ausgesucht worden, aber sie will nicht hingehen. Keine zehn Pferde können sie hinbringen. Großmutter wollte, dass der Essenplatz nicht verfällt, also musste ich ihn nehmen. Die Bauersfrau redete mich gleich mit Lissi an, und ich traute mich nicht zu sagen, dass ich die Schwester bin. Jetzt muss ich noch neunmal mit dem falschen Namen dort essen. Der Schwindel ist mir sehr peinlich. Das Essen ist immer so fettig, aber sie zwingen es mir auf. Am Tisch denken alle, ich bin erst acht Jahre alt und mäkelig, weil ich nicht reinhaue! Eigentlich habe ich sie ja nicht angelogen, sondern bloß nicht gesagt, wer ich bin. Nie wieder mache ich so etwas für meine Schwester!

An dieser Stelle muss sie eine Pause einlegen. Sie lehnt sich zurück und schaut zum Fenster. Die Beziehung zur Schwester geht ihr durch den Kopf. Möglicherweise ist schon damals der Grundstein gelegt worden für ein Verhaltensmuster, das sich später wiederholte und irgendwie selbstverständlich wurde. Warum hat sie stets geglaubt, sie müsse der Jüngeren zuliebe nachgeben und eigene Bedürfnisse zurückstecken? Den Brief, in dem sie darum bat, mit ihrem ersten Kind wieder nach Hause kommen zu dürfen, hatte sie nicht abgeschickt, weil sie dachte, die Schwester brauche den Platz dringender. Als ihre Ehe in die Brüche ging, war sie gar nicht auf den Gedanken gekommen, sie um Hilfe zu bitten, und als sie es einmal ihrer Kinder wegen tat, wurde ihre Bitte abgelehnt. Dennoch war sie sofort bereit gewesen zu helfen, als ihre Nichte sich einer ärztlichen Behandlung in der Universitätsklinik von Halle unterzog und sich mit ihrem Mann bei ihr einquartierte, obwohl es zu einem für sie ungünstigen Zeitpunkt war. Warum hatte sie nie nein sagen können, nie auf einen Besuch der Schwester verzichtet und kam er noch so ungelegen?

Solange sie als Geschiedene in einer winzigen Wohnung lebte, das letzte Kind allein erzog und große Sorgen um ihre erwachsenen Kinder hatte, schien alles in Ordnung zwischen der Schwester und ihr. Sie war bemitleidenswert gewesen in ihrem Kummer. Wurde sie um ihrer selbst willen akzeptiert? Die Bindung zwischen ihnen ist einseitig geblieben. In den dunklen Zeiten der Überwachung, in denen ihre Anschauungen unterschiedlich waren, fehlte es an Offenheit auf der einen Seite, was Vertrauensverlust auf der anderen bewirkte. Versuche, nach der Wende darüber und über neu hinzugekommene Probleme zu reden, scheiterten kläglich. Es folgte eine Zeit der Sprachlosigkeit. Schließlich tat sie den ersten Schritt, um die Mauer des Schweigens zu durchbrechen. Sie erinnerten sich der gemeinsamen Kindheit und Jugend, vermieden es jedoch, andere Lebensbereiche zu berühren, für die es eine gemeinsame Sprache nicht oder noch nicht gab. Langsam sind sie einander wieder näher gekommen.

Vor ihr auf dem Schreibtisch liegt immer noch das aufgeschlagene Schulheft. Wenn sie noch mehr von der kleinen Zeitzeugin erfahren will, muss sie sich beeilen; bald gibt es anderes zu bedenken und zu tun. Also lehnt sie sich wieder vor.

17. September 1946
Unser Cousin – wir haben bloß noch den einen – hat eine Postkarte aus dem US Army Center Stockade geschrieben. Weißt du,

wie er meine Schwester und mich nennt? Meine lieben Basen! Ist das nicht komisch? Er ist neunzehn Jahre alt und drückt sich so altmodisch aus. Jetzt wartet er auf seine Entlassung aus der Kriegsgefangenschaft und will dann bei seinen Eltern in der britischen Zone leben. Da wird sich Tante Berta freuen, dass wenigstens der eine Sohn aus dem Krieg zurückkommt. So eine grausame und treulose Zeit hat es in der Weltgeschichte noch nicht gegeben, steht auf seiner Karte. Wenn ich bloß wüsste, in welcher Zone du jetzt bist und wie deine Adresse ist, dann könnte ich endlich die vielen Briefe an dich abschicken. Natürlich müsste ich erst sparen für die Briefmarken.

15. Oktober

Tantmarie hat uns ein paar Tage besucht. Sie arbeitet jetzt als Hauswirtschafterin bei einem Holzhändler in Rabenstein. Als sie bei uns war, ging es fröhlich zu. Sie hat uns das Lied ,Mariechen saß auf einem Stein' beigebracht und ,Mensch ärgere dich nicht' mit uns gespielt. Sie hat eine Hochfrisur und schöne kleine Ohrringe mit blauen Steinchen. Wenn sie lacht, ist eine Goldkrone in ihren oberen Zähnen zu sehen. Großmutter hat gesagt, sie ist eine fesche Frau, die Marie, schade, dass sie keine Kinder hat. Ihr Mann ist schon lange tot, er hat sich im Ersten Weltkrieg die Tuberkulose geholt. Wir hätten Tantmarie gern länger hier behalten, aber ihre Reiseerlaubnis war abgelaufen; außerdem musste sie in Rabenstein die zwei Kilo Kartoffeln abholen, die ihr zustehen. Bevor sie zum Zug ging, hat sie ganz ernst zu Vater gesagt, bleibe jetzt bei deinen Kindern, gehe nicht wieder über die Grenze, sie wollen dort niemand mehr von uns, auch dich nicht. Vater machte ein finsteres Gesicht, sagte aber nichts. Hoffentlich hört er auf seine Schwester.
Tantmarie hat uns die Geschirrtücher mitgebracht, die Mutti ihr mal geschenkt hatte. In K. hat sie gesehen, wie Martila in Muttis Kleidern durchs Dorf stolziert ist. Das ist ja gemein von Martila, sie war doch eine Freundin von Mutti. Sie haben immer tschechisch miteinander gesprochen. Mutti konnte es gut, weil sie ein

Jahr in der Tschechei in die Schule gegangen ist. Da hat sich Mar-
tila bestimmt die ganze Truhe mit Wäsche und Anziehsachen an-
geeignet, die Mutti bei ihr untergestellt hatte. Hoffentlich ist we-
nigstens die andere Kiste noch da, die im Garten unter dem Sta-
chelbeerstrauch vergraben ist.

Als Vater das letzte Mal über der Grenze war, hat er in der Nacht
versucht, in seiner Scheune die Stelle zu finden, wo er das Käst-
chen mit den Golddukaten von seinem Großvater und dem
Schmuck von seiner Mutter vergraben hatte, nämlich unter zwei
Ziegelsteinen im Fußboden. Er hatte zwar eine Taschenlampe mit,
aber er hat die Stelle nicht gefunden. Ich glaube, er wird es noch
einmal versuchen.

28. Oktober 1946

Frau Hermann hat die Stube mit dem grünen Kachelofen, in der
wir mit Mutti gewohnt haben, an ihren Schwager vermietet und
uns dafür die Essenkammer gegeben, die viel kleiner ist und bloß
ein einziges Fenster hat. Sie ist aber schön warm, weil mitten
durch sie ein Kamin geht, der hier Esse heißt. Davor steht ein
Kanonenofen mit einer Platte aus Eisenringen, die man abneh-
men kann wie bei Morgensterns.

Manchmal dürfen wir in Frau Hermanns Wohnstube die Gar-
tenlaube ansehen. Das ist ein Buch aus vielen Zeitschriften. Die
Geschichte vom Ausbruch des Vesuv habe ich schon ein paar Mal
gelesen, die ist interessant, aber die Fortsetzungen der Romane
sind ziemlich langweilig. Sie handeln immer von Baronen und
Komtessen, die alle reich und verliebt und traurig sind.

Bei uns ist abends oft Stromsperre, da müssen die Schularbeiten
vorher fertig sein. Wenn der Strom nicht wieder eingeschaltet wird,
gehen Lissi und ich zeitig ins Bett, streicheln uns an den Armen
und erzählen erfundene Geschichten, die wir Ausdenke nennen.
Manchmal reden wir von unserer alten Kinderfrau, der Sieber-
marie. Wenn wir es nachmachen, wie sie den Partisanen abge-
schreckt hat, müssen wir immer lachen. Wir waren mit ihr allein

auf dem Hof, denn die anderen Frauen hatten sich in Vaters Wald im Jägerhäusel versteckt. Ich bin die Pani hier, hat sie gesagt und den Mann mit dem Gewehr angelacht. Als er sah, dass sie nur noch drei Zähne im Mund hat, haute er ab und kam nicht wieder. Manchmal hat sie die Haarnadeln aus ihrem Knoten gezogen, und wir durften ihr langes, weißes Haar kämmen, jede auf einer Seite. Sie ist schon die Kinderfrau von unserer Mutti gewesen. Ihr Sohn heißt Alfred und ist ein unehelicher alter Junggeselle. Ich glaube, du kennst ihn nicht, er arbeitete nicht bei uns. Jetzt sind sie beide in der amerikanischen Zone. Komisch, seit der Vertreibung haben wir Verwandte und Bekannte in drei Zonen, nur in der französischen nicht.

Lissi war immer Siebermaries Liebling. Sie durfte in dem kleinen Leiterwagen neben der Milchkanne sitzen, wenn uns die Kinderfrau mit in ihre Wohnung in der Stadt nahm. Ich musste hinterher trotten. Einmal ist die Kanne umgefallen und Lissi saß in der Milch. Hinter dem Handwagen gab es eine lange Milchspur. Siebermarie war nicht ärgerlich, weil ich nichts gesagt hatte. Sie wusch Lissis Schlüpfer und sagte ihren Spruch auf: Was weg ist, brummt nicht mehr! Jetzt sagen wir das manchmal.

20. November 1946

Mein Vater ist jetzt Landwirt ohne Land und Gemeindearbeiter geworden. Er verdient 31 Reichsmark und 10 Pfennig in der Woche. Weil er schwere Sachen von den Lastautos ablädt, bekommt er eine Kartoffelkarte und sogar eine Raucherkarte, was ihn freut. Seine Tagesration Kartoffeln ist 400 Gramm, davon gibt er uns was ab, aber Großmutter ist unzufrieden mit ihm, weil er die Raucherkarte nicht umtauschen will gegen Lebensmittelmarken. Sie wirft ihm auch manchmal vor, dass er schuld ist an Muttis Tod, weil er ihr so viele Kinder angehängt hat. Wir sind doch nur zwei, der kleine Bruder ist schon lange vor Muttis Krankheit gestorben. Vater ist heute sehr zornig geworden und hat Großmutter angebrüllt, sie sei ungerecht und verbittert, dann ist er fort gegangen.

8. Dezember

Zum Nikolaus haben wir ein Päckchen von Tante Paula bekommen. Darin waren Süßigkeiten und Strumpfgürtel für Lissi und mich und außerdem zwei langärmelige Blusen, die sie für uns genäht hat. In ihrem Brief steht, dass jeder in der britischen Zone ein halbes Stück Butter und ein halbes Stück Margarine im Monat bekommt und genug Brot. Dort in Westfalen haben sie es eben besser als wir. Tante Paula hätte es sich aber sparen können zu schreiben, dass das erste Weihnachten heran rückt, an dem unsere Mutter nicht mehr bei uns ist. Das wissen wir doch selber, daran musste sie uns nicht erinnern.

25. Dezember 1946

Auf dem Heimweg von der Kirche haben Lissi und ich vor Kälte gezittert, meine komische Fellboa wurde nass vom Atem, und dann hingen lauter kleine Eiskugeln daran.
Das Paket, das Tantmarie zu Weihnachten geschickt hat, ist unterwegs aufgerissen worden. Das Mehl und ein Bettbezug waren daraus geklaut. Wir haben keinen Christbaum, aber Gretel hat einen, an dem die gelben Sterne und Häuschen hängen, die Mutti voriges Weihnachten ausgeschnitten hat. Eigentlich gehört ja der Baumschmuck uns. Wenn Weihnachten vorbei ist, hole ich ihn mir.
Als wir noch zu Hause waren, suchte Vater den Christbaum schon lange vor dem Fest in unserem Wald aus und sägte ihn Heiligabend früh ab. Die Fichte reichte bis zur Stubendecke, und im ganzen Haus roch es nach ihr. Bei der Bescherung lagen Lissis Geschenke rechts, meine links unter dem Baum und in der Mitte die für uns beide. Alles war feierlich; die lange Tafel, die Kerzen, und die Leute in ihren Sonntagssachen. Jetzt ist alles ganz anders, bei euch sicher auch. Ist denn dein Vater schon heimgekehrt?

5. Januar 1947

Draußen sind zwanzig Grad minus, sagte Frau Hermann. In unserer Schlafkammer hängen kleine Eiszapfen an den Dachbal-

47

ken. Wir müssen im Bett Socken anziehen, sonst werden die Füße überhaupt nicht warm. Jeden Abend ist von halb fünf bis halb zehn Stromsperre. Alles muss vorher fertig sein, denn die runden Wachslichter brauchen wir für Notfälle, zum Beispiel, wenn Großmutter ihre Krämpfe kriegt, was meistens nachts passiert. Dann fängt mein Bett auch an zu wackeln, weil es hinter ihrem Bett steht und daran stößt. Ich klettere einfach rüber und halte Großmutter fest, bis Lissi sich angezogen und Gretel geholt hat. Die Kälte ist nachts noch schlimmer als am Tage.

Vater hat eine Reiseerlaubnis von der Reichsbahn bekommen und ist weggefahren, um ein paar von Tantmaries Sachen für uns zu holen, die sie bei Bekannten in Niesky untergestellt hat. Sie hat ihm eine schriftliche Vollmacht dazu gegeben, die habe ich gelesen und auch, was sonst noch in ihrem Brief stand; nämlich, er soll den Mut nicht sinken lassen und sich mit Großmutter nicht streiten, sondern still sein, wenn es einen Anlass zum Ärgern gibt. Sobald geregelte Verhältnisse eintreten, will Tantmarie in unsere Nähe kommen, damit wir uns gegenseitig helfen können. Ich kann mir nicht denken, was sie mit geregelten Verhältnissen meint.

15. Januar

Heute haben mich die Mädchen in der Handarbeitsstunde ausgelacht, weil ich gesagt habe, dass ich ein Polster machen will. Fräulein Jannasch hat mich aber in Schutz genommen und ihnen erklärt, dass Polster nur ein anderes Wort für Kissen ist. Immer dieser Ärger mit den Wörtern!

Vater hat einen Korb mit Geschirr und zwei weiße Felle von seiner Reise mitgebracht. Tantmaries großer Spiegel war nicht zu finden und ihr Sofa auch nicht. Wir hätten sowieso kein Transportauto gehabt. Jetzt müssen wir nicht mehr von den roten Blechtellern essen, die wir von der Volkssolidarität bekommen haben. Großmutter kann das Wort nicht aussprechen und sagt immer Volkssolidität. Lissi und ich haben auch Holzschuhe dort abgeholt, weil unsere Winterschuh kaputt und zu klein waren. Die Holzsohlen sind steif; es ist als hätten wir Klumpen an den Füßen, aber man kann damit gut schindern auf dem Eis. Die Bäche sind alle zugefroren, auch der Mühlgraben. Manche hiesigen Kinder haben Schlittschuhe oder Skier. Weißt du noch, vor zwei Jahren hatte ich zu Weihnachten Skier bekommen und fiel immer damit um, weil ich sie nicht richtig gewachst hatte. Na ja! Jetzt fährt sowieso ein anderes Kind damit.

7. Februar 1947

Hier in der Veranda ist es schrecklich kalt, meine Hände sind ganz klamm, aber in der warmen Stube schaut mir Lissi neugierig ins Heft. Sie kann jetzt auch gut lesen. Stell dir vor, Vater hat Muttis schöne Wildlederschuhe, die mit den hohen Absätzen und den kleinen Quasten an den Schnürsenkeln, für einen Rucksack voll Kartoffeln eingetauscht! Ohne etwas zu sagen oder uns zu fragen! Es ärgert mich sehr, dass jetzt eine fremde Bauersfrau in Muttis feinen Schuhen umher stolziert, bloß, damit wir wieder etwas zu essen haben. Das grüne Kostüm, zu dem Mutti die Schuhe immer anhatte, ist Gretel zu eng. Ein Glück, sonst hätte sie es sich genauso angeeignet wie das bunte Sommerkleid, in dem Mutti mal zur Leipziger Messe gefahren ist. Ich weiß noch ganz genau, wie schön sie damals aussah mit dem großen gelben Strohhut auf dem schwarzen Haar. Gretel ist zu dick für das Kleid. Großmutter zieht fast jeden Tag Muttis blaue Strickjacke mit den aufgestickten weißen Blumen an. Das gefällt mir auch nicht, aber Großmutter braucht eine Jacke bei dieser Kälte, und eine andere hat sie nicht.

Vater möchte gern nach Schweden auswandern, aber es geht nicht, weil er keine Frau mehr hat, bloß Kinder. Die Schweden wollen aber nur richtigen Familien Land zum Siedeln geben.

Gretels Familie ist wieder vollzählig. Onkel Willi ist aus der englischen Kriegsgefangenschaft entlassen und heimgekehrt. Er sagt, er wäre kein Nazi gewesen, sondern immer schon ein Kriegsgegner. Jetzt arbeitet er in der Weberei als Webmeister.

15. März 1947

Es ist immer noch ziemlich kalt, aber der Schnee taut, wir haben Hochwasser. In den Holzschuhen kann ich schlecht laufen, manchmal bleibe ich im Matsch stecken, aber das geht vielen Kindern so. Nach der Schule können wir draußen nicht spielen, sondern müssen in der Stube hocken. Heute war es ziemlich langweilig, und ich wollte mir Muttis Papiere in ihrer gelben Lederhandtasche wieder einmal ansehen. Die Tasche war verschwunden, nur eine abgerissene Seite von einem Kaufvertrag lag in der Kammer ganz hinten unter dem schrägen Dach. Niemand weiß, wo die Tasche hin ist, aber Gretel machte so ein komisches Gesicht, als ich sie fragte. Vielleicht hat Willi die Papiere weggenommen, dem traue ich es zu. Hoffentlich hebt Wilfriede die Briefe auf, die sie von Mutti zur Aufbewahrung bekommen hat. Ich weiß noch, wie Mutti an unserem Kindertisch saß und schrieb und nicht gestört werden wollte. Als sie fertig war, hat sie die Briefe in braune Umschläge gesteckt und mit einer Schnur zusammen gebunden. Wenn ich groß bin, will ich sie unbedingt lesen.

Ostersonntag 1947

Die hiesigen Kinder haben heute früh Ostereier gesucht, manche sind schon Gründonnerstag mit dem Bettelsack losgezogen und haben vor den Haustüren gesungen: Guten Morgen zum Gründonnerstag, gebt mir was in den Bettelsack, lasst mich nicht zu lange steh'n, ich muss ein Häusel weiter geh'n. Dann sangen sie noch einen Vers, den wir nicht kennen: Kommt er nicht raus, kommt sie nicht raus, dann kommt der kleine Junge raus und teilt die ganzen Brezeln aus. Lissi und ich haben nicht gebettelt, aber Frau Hermann hat uns trotzdem ein paar Bonbons geschenkt. Dann sind wir mit Großmutter in den Wald gegangen, Reisig sammeln in zwei Säcke, die Tantmarie aus einem alten Strohsack genäht hat. Außerdem hat sie uns Mehl, Zwieback und sogar ein paar Stück Würfelzucker geschickt. Dem Vater hat sie ihre Tabakration zu Ostern spendiert, statt sie gegen Lebensmittel für sich selber einzutauschen.

Schon den ganzen Tag muss ich daran denken, dass ich Mutti heute vor einem Jahr zum letzten Mal gesehen habe. Tantmarie will auch an sie denken. In ihrem Brief steht: Wir alle wissen, dass wir einmal denselben Weg gehen, wir wissen nur nicht, wann. Mutti hat es aber vorher gewusst. Der Ring, den sie mir geschenkt hat, liegt in meinem Schatzkästlein, das innen mit blauer Seide ausgeschlagen ist und gut riecht, weil es mal eine Seifenschachtel war. Manchmal hole ich den Ring heraus und stecke ihn an meinen Mittelfinger oder ich halte ihn gegen das Licht. Innen stehen die Anfangsbuchstaben von Vaters Namen und das Datum der Hochzeit: 6.7.1933. In der Schachtel liegt auch der Zettel, auf den Mutti unsere Namen, Geburtstage und Geburtsorte geschrieben hat, auch die von sich selber und von Vater, damit wir es uns merken. Ich verstecke mein Schatzkästlein immer hinter einem Holzbalken, damit es niemand findet und stiehlt. Es gibt aber so viele Balken in der langen Veranda, in der wir schlafen, dass ich den richtigen immer erst suchen muss.

Du kannst dir nicht vorstellen, Ingelore, was für einen scheußlichen Haarschnitt Lissi und ich jetzt haben. Bis über die Ohrläppchen hat uns Willi das Haar abgeschnitten und dann den Nacken ausrasiert. Wir sind ganz verunstaltet! Es wird lange dauern, bis es wieder gewachsen ist. Kein Mädchen in meiner Klasse muss so herumlaufen. Mutti hätte das bestimmt nicht zugelassen, wenn sie noch lebte. Seinen eigenen Kindern hat Willi schönere Frisuren gemacht. Siegfried war schadenfroh und lachte uns aus, Gislinde lachte mit, aber sie wusste nicht, warum. Sei froh, dass du nicht von einem angeheirateten Onkel so einen Topfschnitt verpasst bekommst. Du hast bestimmt noch deine langen Zöpfe und Naturlocken. Alle meine Wellen sind jetzt futsch.

Nachmittags gehen Lissi und ich jetzt arbeiten, damit wir nicht herumlungern und Dummheiten machen, sagt Großmutter. Jede von uns verdient 50 Pfennig am Tag, wir dürfen das Geld sogar behalten. Lissi hütet zwei kleine Kinder bei einer Fabrikantenfrau und ich wasche das Geschirr ab bei einer Familie, die Mattusch heißt und auch eine Fabrik hat. Das ist eine Näherei mit einem langen Saal, in dem ziemlich viele Frauen arbeiten. Sie müssen beim Nähen nicht treten, die Nähmaschinen gehen elektrisch. Manchmal muss ich Stoffreste aus dem Saal holen für Frau Mattusch. Wenn ich den Abwasch fertig habe, gibt sie mir meistens noch etwas zu tun, zum Beispiel die Gartenlaube saubermachen, Stühle abseifen oder die Silberkannen putzen, die ich anhauche und reiben muss, bis sie wieder glänzen, was ziemlich lange dauert. Jeden Freitag wird im Herrenzimmer auf den dunklen Möbeln Staub gewischt. Frau Mattusch fährt danach mit dem Zeigefinger an den Rillen entlang und hält mir den Finger vor die Nase, wenn es irgendwo noch ein bisschen staubig ist. Dann räume ich Sebastians Stube auf, sie ist außerhalb vom Korridor. Sebastian Mattusch ist siebzehn und geht zur Oberschule. Er hat ein großes Zimmer ganz für sich allein und macht nicht einmal sein Bett. Seine Mutter verhätschelt ihn. Wenn er aus der Schule kommt, kriegt er jedes Mal einen Kuss von ihr. Zu mir ist sie meistens auch freundlich, aber ich kann es nicht leiden, wenn sie halb nackt in die Küche kommt und ihr großer Busen hin- und herwackelt mit den riesigen, dunkelroten Warzen. Vielleicht denkt sie, vor mir braucht sie sich nicht zu schämen, weil ich bloß ein armes, kleines Mädchen bin. Jedenfalls sieht es scheußlich aus. Heute musste ich einen Teller Kürbissuppe essen, als sie so herumlief, da ist mir bald schlecht geworden. Dauernd will sie mir Anstandsregeln beibringen und ist selber nicht immer anständig.

Von dem Geld, das mir Frau Mattusch gibt, kaufe ich Kinokarten für die Kindervorstellungen am Samstag oder Sonntag, wenn ich welche ergattern kann. Manchmal stehe ich stundenlang eingequetscht in der langen Schlange vor der Kasse, und wenn ich endlich bald an der Reihe bin, sind die Karten ausverkauft. Gehst du auch gern ins Kino, Ingelore?

25. April
In der großen Pause bekommt jetzt jedes Schulkind hier ein Achtel Liter Milch und eine kleine, dunkle Semmel. Eine Tasse oder ein Henkeltöpfchen muss jeder selbst mitbringen. Wenn ich nüchtern zur Schule gehe, weil Großmutter nicht aufstehen kann, schmeckt es mir besonders gut.

In Frau Hermanns Zeitung stand, dass die Engländer Helgoland in die Luft sprengen wollten, weil die Insel eine Nazi-Festung war. Vater sagte, es wäre schade gewesen um die schöne Insel, aber die Nazis haben sich an den Menschen und auch an der Natur vergangen im Krieg. Als Vater noch jung war, ist er mal in Helgoland gewesen, mit dem Schiff von Hamburg aus. Es war seine Abschlussfahrt von der landwirtschaftlichen Fachschule. Davon erzählt er gern, sonst redet er nicht gern von früher. Vorgestern gab es aber wieder Streit zwischen ihm und Großmutter, weil sie mehr Geld braucht. Da ist er abends weggegangen und nicht wiedergekommen.

30. April 1947
Die Grenzer haben Vater angeschossen und in der Tschechei behalten. In seinem Brief steht, dass er drei Monate dort arbeiten muss, wenn die Wunde an der Schulter verheilt ist. Vielleicht wollte er wieder nach seinem vergrabenen Kästchen suchen und sie haben ihn erwischt. Wir sollen ihm schreiben, wie es uns geht, aber wir sind böse auf ihn, weil er uns allein gelassen hat mit Großmutter, ohne etwas zu sagen. Na ja! Briefpapier habe ich mir trotzdem gekauft von dem Geld, das ich bei Frau Mattusch verdiene. In Sebastians Zimmer macht sie jetzt selber Ordnung. Heute ist mir etwas Schlimmes passiert. Ich habe die Korridortür kaputtgemacht, weil ich mit der vollen Abwaschschüssel angestoßen bin, als ich das Wasser hinunter ins Waschhaus tragen wollte. Ich darf es nämlich nicht oben in den Ausguss schütten. Ich bin jedes Mal froh, wenn ich die Schüssel aus dem Abwaschtisch gehoben und die Treppe hinunter bugsiert habe. Manchmal wird mir

richtig schwarz vor den Augen und in meinen Ohren summt es
eine Weile, wenn ich das Wasser im Waschhaus in die Rinne ge-
gossen habe. Dann muss ich mich am Waschkessel anhalten und
warten, bis es vorbei ist. Heute habe ich vor der Glastür ein biss-
chen das Gleichgewicht verloren, und ich wollte nicht, dass das
Wasser überschwappt. Da ist es eben passiert. Frau Mattusch hat
aber nicht sehr mit mir geschimpft, sondern bloß ärgerlich gesagt,
dass es so schön bunt bemaltes Glas leider nicht mehr gibt jetzt
nach dem Krieg und ich aufhören soll zu weinen. Vielleicht muss
ich jetzt zur Strafe auch ohne Lohn arbeiten wie Vater. Es ist mir
sehr peinlich, dass ich bei fremden Leuten etwas kaputtgemacht
habe, was ich nicht ersetzen kann. Das verstehst du bestimmt,
Ingelore.

15. Mai 1947
Wir Kinder werden oft ausgeschimpft. Ich habe dir doch schon
geschrieben, dass in der Nähe von Frau Hermanns Haus eine
Holzbrücke über den Bach geht. Wir balancieren gern auf dem
schmalen Eisengeländer bis zur anderen Seite und springen dann
hinunter auf den Bachrand. Das Gras dort hat eine alte, dicke
Frau gepachtet, sie heißt Alma. Heute kam sie wütend angerannt
und fuchtelte mit einem Rechen in der Luft herum. Euch will ich
hier nicht mehr sehen, ihr hergelaufenen Bälger, schrie sie, ich
melde es der Polizei, wenn ihr noch einen Fuß auf meine Wiese
setzt. Ihr zertrampelt mein Gras nicht noch einmal, ihr frechen
Flüchtlinge!
Jetzt passen Gundel, Lissi und ich abwechselnd auf, ob die böse
Alma auftaucht, wenn wir über die Brücke balancieren.

2. Juni 1947
Wenn ich bloß mit dir reden könnte! Großmutter gibt mir manchmal
so komische Antworten, wenn ich sie etwas frage. Heute habe ich
ihr erzählt, dass ich von den großen Jungen, die sich an der Kino-
kasse vordrängeln, manchmal richtig eingequetscht werde. Ob man

davon ein Kind kriegen kann? Großmutter hat gelacht und ge-
sagt, nein, das geht nicht, aber mein Stiefvater brauchte bloß die
Unterhose an den Bettpfosten zu hängen, und schon bekam mei-
ne Mutter wieder ein Kind. Das kann ich mir nicht zusammen-
reimen. Vielleicht hat Großmutter nur Spaß gemacht, um mich
abzuwimmeln. Du kannst bestimmt deine Mutti nach solchen
Sachen und bekommst eine ordentliche Antwort. Meine Klassen-
kameradinnen wissen auch nicht so richtig, wie das mit dem Kin-
derkriegen funktioniert. Alle kichern, wenn die freche Lore da-
rüber redet. Sie sagt, wenn es passiert ist und das Kind kommt,
platzt der Bauch von oben bis unten auf. Das kann nicht stim-
men. Wenn ein Kalb oder ein Fohlen geboren wird, kommt es
hinten heraus. Gundel traut sich auch nicht, ihre strenge Tanten-
mutter nach solchen Sachen zu fragen, aber wir werden es schon
noch herauskriegen.

Sie stützt das Gesicht in die Hände und denkt nach. Wie war
das damals mit der Aufklärung? Sie kann sich nicht erinnern,
dass Themen dieser Art jemals in der Schule zur Sprache kamen; vielleicht sind sie indirekt bei der Behandlung der Fort-
pflanzung von Tieren und Pflanzen angeklungen. Die Eltern
hüllten sich in Schweigen oder erzählten Geschichten von
Blumen und Schmetterlingen, mit denen die Kinder nichts
anfangen konnten. An das Märchen vom Storch glaubten sie
längst nicht mehr, und die Heimlichtuerei und Verlegenheit
der Erwachsenen weckte um so mehr ihre Neugier, je öfter sie
mit ihren Fragen allein gelassen wurden. Wie stand es dann
später mit der Aufklärung der eigenen Kinder? Wurden da
nicht auch Fehler gemacht, wenn auch anderer Art?
Sie spürt, dass jetzt der falsche Zeitpunkt ist, um sich in Gedanken zu verlieren, wenn sie noch alle Hefte lesen will. Die
Briefe des Mädchens haben ihr Interessse geweckt und lassen
sie nun nicht mehr los.

25. Juni 1947

Gestern war Schulausflug ins Gebirge. Dort hat uns ein Gewitter überrascht. Ingelore, du glaubst nicht, wie schrecklich laut es gedonnert hat zwischen den Felsen. Die meisten Kinder hatten Angst, ich habe mich auch gefürchtet. Als es nachließ, sind wir schnell bergab gelaufen im Regen. Ein Junge hat seinen Schuh verloren und nicht wieder gefunden, weil das Wasser ihn weggespült hatte. In der Bahn waren wir alle noch ganz durchnässt, auch Herr Rothe, und es gab viel zu lachen. Heute musste ich Frau Mattusch erzählen, wie es war. Das mit dem Schuh habe ich weggelassen.

28. Juli 1947

Vater ist zurückgekommen. Er hat nicht viel davon erzählt, wie es ihm in der Tschechei ergangen ist. Über den Brief, den er heute von meinem Klassenlehrer bekam, war er ein bisschen ärgerlich. Herr Rothe hat ihm mitgeteilt, dass ich schon etliche Male nicht mit Kartoffelkäfer suchen war und dass er alle Schüler auf dem Acker sehen will in Zukunft. Ich finde sowieso keine Käfer und renne umsonst mit einem Marmeladenglas durch die Furchen. Wenn die Sonne sticht, kriege ich Kopfschmerzen, und wenn ich ein Kopftuch umbinde, lachen die anderen. Außerdem muss ich ja nachmittags bei Frau Mattusch abwaschen, um etwas Geld zu verdienen. Für einen Kartoffelkäfer gibt es zehn Pfennig, aber ich habe noch nie einen gefunden. Gott sei Dank sind bald Ferien! Dann kommen keine Mahnbriefe mehr von der Schule.

7. August 1947

Jetzt bin ich schon elf Jahre alt. An meinem Geburtstag war ich mit Angela im Schwimmbad. Sie hat ihren Luftanzug angezogen und mir ihren Badeanzug ausgeborgt, damit ich nicht im Schlüpfer ins Wasser gehen musste wie sonst. Angela kann schon schwimmen und will es mir auch beibringen, aber dazu brauche ich Schwimmkissen. Wir wollen nämlich im Tiefen üben. Kannst du eigentlich schon schwimmen, Ingelore?

Hier gibt es nicht nur einen großen Badeteich, sondern auch einen Gondelteich mit Kähnen zum Rudern oder Paddeln. Eine halbe Stunde rudern kostet fünfzig Pfennig, die habe ich heute spendiert. Rudern macht Spaß, aber ich hatte ein bisschen Angst, dass der Kahn umkippt, wenn er an einen anderen stößt; der Gondelteich ist nämlich sehr tief. Zum Glück waren gerade keine großen Jungen in der Nähe, die rammen immer mutwillig andere Kähne. Ich muss unbedingt bald schwimmen lernen, aber ich bin wasserscheu. Vielleicht gibt mir Großmutter ein Stückchen alte Leinwand, damit ich mir Schwimmkissen nähen kann. Es muss aber ziemlich fester Stoff sein, sonst geht die Luft zu schnell raus.

17. August

Ich habe Nesselfieber und sitze auf einem kühlen Leinentuch mit nichts weiter an als Wadenwickeln. Großmutter ist mit Lissi Ähren lesen gegangen, sie meinte, ich könnte ja Bücher statt Ähren lesen. Das ist wirklich viel schöner, als in der Hitze stundenlang über die stacheligen Stoppelfelder zu rennen. Die spitzen Stoppeln stechen so, dass die Fußgelenke lauter rote Kratzer bekommen. Am schlimmsten sind die Grannen, die überall hinkriechen und auf der Haut jucken. Meine großen Quaddeln jucken auch sehr, an manchen Stellen verschwinden sie und kommen an anderen wieder. Ich muss mich beherrschen und darf nicht kratzen, sonst wird es noch schlimmer. Gestern hatte ich Schüttelfrost und rote Blasen am ganzen Körper. Großmutter denkt, dass ich den Kunsthonig nicht vertrage, den es jetzt zu kaufen gibt, richtigen Honig haben wir schon lange nicht mehr gegessen.
Frau Hermann hat mir ein kleines Buch geschenkt, es heißt ‚Andersens Märchen'. Das bunte Bild auf dem Buchdeckel gefällt mir. Darauf ist ein sehr dünner, alter König mit einer Laterne in der Hand zu sehen. Er macht das Schlosstor auf, vor dem eine schöne, aber ganz durchnässtes Mädchen steht. Es ist die Prinzessin, die auf der Erbse nicht schlafen kann, was ich ja ziemlich zimperlich finde. Sie müsste mal Nesselfieber haben, dann würde sie nicht

mehr so ein Trara machen wegen einer Erbse. Ganz besonders schön ist das Märchen vom standhaften Zinnsoldaten, der die kleine Tänzerin aus Papier liebt. Es steht auch in dem Märchenbuch und geht traurig aus. Kennst du es, Ingelore?

Ich weiß jetzt, wie das mit dem Kinderkriegen ist. Als ich auf Gislinde aufpassen musste, weil Gretel mit Willi zum Tanz waren, habe ich es in einem alten Doktorbuch gelesen, das auf dem Nachtschränkchen lag. Wir beide durften doch mal bei der Geburt eines Kälbchens zuschauen. So ähnlich werden die Kinder auch geboren, nur dass sie nicht gleich aufstehen können. Eine Nachgeburt gibt es beim Menschen auch. Die Lore hat Quatsch erzählt. Der Bauch bleibt heil, aber manche Kinder kommen durch einen Kaiserschnitt zur Welt wie ich und später auch Lissi. Ich möchte nur wissen, warum Großmutter es mir nicht gesagt hat, wie ein Kind entsteht. In dem Buch stand alles über die Befruchtung und Abbildungen von den Geschlechtsteilen beim Mann und bei der Frau waren auch drin. Wenn ich erwachsen bin, möchte ich eine große Familie mit fünf Kindern haben, am liebsten ohne Mann, aber das geht nicht, und außerdem brauchen die Kinder ja auch einen Vater. Wie viele Kinder willst du später? Deine und meine können dann miteinander spielen.

30. August

Lissi und ich mussten uns bei den Nachbarsleuten entschuldigen, weil wir kleine Kieselsteine in ihr offenes Fenster geschmissen hatten. Wir wollten sie nur ein bisschen ärgern, denn der alte böse Mann schimpft immer, wenn wir auf der Wiese unter seinen Fenstern spielen. Die Wiese gehört ihm gar nicht. Er hat sich über uns ,freche Gören' bei Frau Hermann beschwert und sich bedauert, weil ein Stein in seinen Suppenteller gefallen wäre. Die Suppe hätte er nicht mehr essen können. Großmutter und Frau Hermann haben uns gezwungen hinzugehen und um Verzeihung zu bitten. Wir haben bei den Leuten an der Stubentür gestanden und gesagt, dass es uns leid tut, was aber gar nicht stimmte, und dass

wir es nie wieder machen werden, was vielleicht auch nicht stimmt..
Der Alte hat uns eine lange Strafpredigt gehalten und zum Schluss
gesagt, dass wir in der Gosse landen, wenn wir so weitermachen.
Am liebsten hätte ich ihn gleich wieder geärgert.

16. September 1947

Gestern Abend haben mich Gretel und Willi mit ins Waldschlösschen genommen. Dort machten drei Männer und eine Frau Tanz-
musik. Wenn die großen Leute alle auf dem Tanzsaal waren, habe
ich am Rande probiert zu tanzen, es war wunderbar. Das Lied
von den Capri-Fischern spielten sie zweimal und alle sangen mit.
An der Stelle, die so geht: ‚nur die Sterne, die zeigen ihnen am
Firmament ihren Weg mit den Bildern, die jeder Fischer kennt'
sangen die Leute ‚zeigen den Weg ins Gefängnis, den jeder Schie-
ber kennt' und statt ‚von Boot zu Boot das alte Lied erklingt' sangen alle ‚von Tür zu Tür' und meinten wahrscheinlich die Türen
der Gefängniszellen damit. Das fand ich nicht so gut. Zwei Mu-
siker spielten Schifferklavier, der dritte auf einer Gitarre, die einen jammervollen Klang hatte. Willi sagte, es ist eine Hawaii-
Gitarre. Die Schlagersängerin hatte eine durchsichtige, weiße Bluse
an und einen weiten bunten Rock mit einem Petticoat, der unten
ein bisschen vorguckte, aber das sollte so sein. Beim Singen klap-
perte sie manchmal mit Hölzchen, die Kastagnetten heißen. Das
möchte ich auch können. Auf dem Heimweg war es schon ganz
dunkel und am Himmel blinkten viele Sterne. Als eine Stern-
schnuppe fiel, habe ich mir gewünscht, dass ich richtig tanzen
lerne, wenn ich größer bin. Es war schon bald Mitternacht, aber
ich war überhaupt nicht müde, ich wäre am liebsten noch länger
im Waldschlösschen geblieben.

21. September

Liebe Ingelore, du glaubst nicht, wie ungerecht es hier manchmal
zugeht. In der Religionsstunde musste Lissi nach vorn kommen
und bekam eine Ohrfeige vom Pfarrer. Weißt du, warum? Weil

wir vor ein paar Tagen Hochzeit gespielt haben auf Frau Hermanns Wiese. Gislinde war die Braut, Siegfried der Bräutigam, Lissi der Pastor, Gundel und ich waren die Trauzeugen. Lissi hatte sich eine Decke umgehängt und sagte den Spruch auf: Ich segne euch ein, mit Wasser und Wein ... Als sie gerade ein paar Kekse als Abendmahl verteilte, tauchte auf dem Weg draußen eine schwarze Gestalt auf, blieb am Gartenzaun kurz stehen und ging weiter. Es war der Pfarrer, so ein Pech. In der Schule schimpfte er dann, es wäre eine Verunglimpfung gewesen und fuhr dabei richtig aus der Haut. Lissi will jetzt nicht mehr zur Religionsstunde gehen. Das hat er nun von seiner Ohrfeige.

Die dicke Erika aus meiner Klasse ist auch ungerecht und hinterhältig. In der Turnstunde behauptete sie, ich hätte beim Völkerball geschummelt und wäre schon längst abgeschossen gewesen, aber immer noch im Spiel. Das war geschwindelt, aber als Herr Grube mich auch noch fragte, ob das stimmt, fing ich am ganzen Leibe an zu zittern vor Wut. Der lange Lothar ist darüber so erschrocken, dass ihm der Ball aus der Hand fiel. Er will mich rächen und Erika verdreschen.

24. September
Heute bekam ich einen Brief von einer Krankenschwester wegen Vater. Er ist bei der Arbeit auf einer Baustelle an der Brikettfabrik verunglückt und liegt im Militärkrankenhaus. Ich soll ihm Nachtzeug und Pantoffeln schicken. Gretel packt gerade das Paket mit den Sachen, ich trage es dann zur Post. Zum Glück kann ich schon aufstehen; ich hatte nämlich wieder Nesselfieber und diesmal gar keinen Kunsthonig gegessen. Vielleicht kommt es von der Marmelade aus den ekligen Pappkübeln. Jetzt habe ich eitrige Stellen an meinen Ellenbogen, die ewig nicht heilen. Der Grind geht immer wieder ab und darunter ist es nass. Die Ärmel kleben an, wenn ich die Binden abmache und die Salbe, die mir Gretel gegeben hat, hilft nicht. Sie sagt, ich soll mir etwas vom Doktor verschreiben lassen. Ich werde Gundel fragen, ob sie mitkommt zur Sprechstunde.

16. Oktober 1947

Ich will dir sagen, Ingelore, warum ich dir so lange nicht geschrieben habe. Nach meiner Arbeit bei Frau Mattusch bin ich immer ziemlich müde, und dann muss ich noch die Schularbeiten machen oder mit auf die Felder gehen, um Kartoffeln zu stoppeln oder Zuckerrüben zu ergattern. Vorgestern fuhr ein so starker Wind über den Acker, dass er die trockene Erde aufwühlte und wir manchmal gar nichts sehen konnten. Am nächsten Morgen hatte ich ganz verklebte Augen; ich musste das klebrige Zeug erst mit einem nassen Lappen aufweichen, bevor ich sie richtig aufmachen konnte. In der Schule früh hat Herr Rothe gesagt, es ist eine Bindehautentzündung und mich gleich zum Arzt geschickt. Dort fragte mich die Krankenschwester, wo meine Eltern sind. Als der Arzt hörte, dass meine Mutti tot und mein Vater im Krankenhaus ist, wurde er ganz freundlich. Er gab mir ein Rezept und erklärte mir, wie ich es machen soll mit dem Augenwasser. Nächste Woche will er mich noch einmal untersuchen. Das Schlimme ist, dass ich jetzt nur so viel lesen und schreiben soll, wie für die Schule unbedingt nötig ist. Der Arzt weiß ja nicht, dass ich dir schreibe, sonst würde er es bestimmt auch noch verbieten.

18. Oktober

Gestern ist Vater aus dem Krankenhaus entlassen worden. Er musste 49 Reichsmark und 25 Pfennig für die Verpflegung dort bezahlen. Jetzt hat er noch drei Wochen Schonzeit wegen seiner Gehirnerschütterung; er war nämlich von einem Gerüst gefallen. Herr Schweigers, ein angeheirateter Verwandter von Tante Berta, hat Vater im Krankenhaus besucht und gesagt, er und seine Frau wollen ein gutes Werk tun und die ‚armen, mutterlosen Mädchen' einmal in den Osterferien zu sich einladen. Hilfe, er meinte Lissi und mich! Hoffentlich vergessen die Schweigers es wieder. Würdest du gern bei fremden Leuten, die selber keine Kinder haben, die Osterferien verbringen?

2. November 1947

Es gibt hier ein Kulturhaus mit einem großen Saal und einer Büh-
ne. Die Leute nennen es Karli-Haus, eigentlich heißt es Karl-Lieb-
knecht-Haus. Meine Schulfreundin Angela und ich waren dort
zu einem bunten Nachmittag. Es kostete keinen Eintritt für uns,
weil Angela in die Ballettschule geht, die zwei Tänze aufführte.
Der Mann am Einlass dachte, ich wäre auch ein Ballettmäd-
chen. Schön wär's! Der eine Tanz hieß ,Meißner Porzellan' und
ging so: Ein Mädchen in einem kleinen Reifrock und mit einer
weißen Lockenperücke tanzte mit einem Jungen, der eine enge
blaue Seidenhose und ein Hemd voller Rüschen anhatte. Jemand
spielte Klavier und sang dazu:
Sehen Sie mich bitte ganz genau mal an, ich bin hergestellt aus
Meißner Porzellan,
wer mich kaufen will, der muss versteh'n, mit den Sachen ange-
messen umzugeh'n.
Du glaubst gar nicht, wie schön das war! Der andere Tanz war so
ähnlich wie der, den ich mit Lissi mal zum Kinderfasching bei uns
auf dem Hof aufgeführt habe, und zwar den zu dem Lied: Wenn der
Toni mit der Vroni und die Vroni mit dem Toni so ein Kuddelmud-
del macht, ja da schaut halt der Ochs und die scheckige Kuh und sie
lachen sich an und sie blinzeln sich zu ... den Text fandest du be-
stimmt auch blöd, aber die Frauen lachten und freuten sich darüber.
Wir waren dreizehn verkleidete Kinder. Manchmal schaue ich mir
das Foto an, das Gretel mit hierher genommen hat. Vielleicht schenkt
sie es mir, wenn ich größer bin. Du bist auch darauf. Mir hatte
Mutti mit der Brennschere Schillerlocken gemacht. Stell dir bloß
mal vor, auf dem Klassenfoto vom Schulausflug sehe ich wie ein
Junge aus, der ein Kleid anhat! Das habe ich Willis Schere zu ver-
danken. Nie mehr lasse ich mir die Haare von ihm abschneiden!
Ich möchte so gern wie Angela zur Ballettstunde gehen, aber ich
weiß nicht, was das kostet, und nachmittags muss ich ja bei Frau
Mattusch abwaschen. Vielleicht würden sie mich in der Ballett-
schule gar nicht annehmen, so wie ich jetzt aussehe. Was meinst

du, ob ich trotzdem mal frage? Im Turnen bin ich mit unter den Besten, obwohl ich immer noch die Kleinste von zwei Klassen bin.

21. November 1947
Ich liege mal wieder im Bett und musste Lindenblütentee trinken und schwitzen, denn ich habe Mandelentzündung. Vater hat mit mir geschimpft, er denkt, weil ich mich nicht warm genug anziehe und kein fettes Fleisch esse, bekomme ich so oft Halsschmerzen. Eigentlich ist er nur ärgerlich darüber, dass er nicht Neubauer werden kann, weil er keine Frau mehr hat, nur Kinder. Durch die Bodenreform können Bauern, die ihr Land verloren haben, vom Staat eine Parzelle bekommen und dazu noch Rindvieh oder ein Pferd, aber das gilt nur für Familien, stand in der Zeitung. In der Gemeindeversammlung, in der Vater war, haben sie es auch so beschlossen. Das Land von den Grundbesitzern, die über hundert Hektar besaßen, wird aufgeteilt. Großmutter sagt, unsere Familie hatte nur halb so viel Acker und Wald wie einer von denen und wir mussten trotzdem alles hergeben.
Ich fange an zu frieren und muss wieder unter die Bettdecke kriechen. Mach's gut, Ingelore!

6. Dezember 1947
Habe ich dir schon geschrieben, dass ich seit der fünften Klasse im Oberdorf zur Schule gehe? Dort haben sie eine Begabtenklasse eingerichtet. Eigentlich hat es mir leid getan, aus der niederen Schule und von den meisten Klassenkameraden wegzugehen, vor allem von den Zwillingen Herti und Gerti. Die beiden sehen so gleich aus, dass sie immer verwechselt werden von den Lehrern. Wenn beide in der Schule sind, geht es gut, aber wenn nur eine da ist, weiß sie nie eine Antwort auf eine Frage. Der Mathelehrer wird manchmal wütend darüber. Einmal hat er gesagt, sie hätten eben zusammen nur so viel Grips wie sonst ein Schüler allein. Herti fing an zu weinen. Gerti hätte sich nichts daraus gemacht, aber sie war gerade krank.

Fräulein Hilsch, unsere Klassenlehrerin in der oberen Schule, würde so etwas nie von Schülern sagen. Sie ist zwar ziemlich streng, aber nicht ungerecht. Wir haben Deutsch bei ihr. Sie ist schon achtundzwanzig Jahre alt und immer noch nicht verheiratet. Sie wartet auf ihren Verlobten, der noch nicht heimgekehrt ist aus dem Krieg. Russisch haben wir bei Herrn Grube. Wir Mädchen finden ihn gut, die Jungen nicht, weil sie ihm die Fingernägel zeigen müssen, er ist nämlich für Sauberkeit und duldet keine Kohlenschaufeln an den Fingern. Musstest du auch die russischen Buchstaben lernen? Herr Grube hat Russisch in der Gefangenschaft gelernt und ist jetzt Neulehrer.

Fräulein Hilsch will mit uns ein Weihnachtsspiel aufführen, das wir uns selbst ausdenken und aufschreiben sollen. Niemand meldete sich dafür außer Grete Picht. Sie ist neu in der Klasse und kommt aus einer Gegend, wo sie ‚ch‘ wie ‚sch‘ aussprechen. Die ganze Klasse hat furchtbar gelacht, als Grete sich vorstellen sollte und sagte: Isch heiße Grete Pischt. Du musst es mal laut sagen, das klingt wirklich komisch. Jetzt hetzen unsere Jungen in der Pause die Kleinen in der vierten Klasse auf, sie sollen Grete nach ihrem Namen fragen. Das finde ich gemein.

Weil niemand außer Grete das Weihnachtsspiel schreiben wollte, hat Fräulein Hilsch mich dazu bestimmt. Grete und ich haben uns also ein Krippenspiel ausgedacht, mit Maria, dem Christkind und Josef, aber auch mit Zwergen, Vögeln und einem Eichhörnchen. Frau Holle ist auch mit im Spiel, weil Winter ist und Schnee fällt. Alle haben nur ganz wenig zu essen, aber geben trotzdem etwas ab für das Kind. Wir wissen bloß noch nicht, wie wir es mit dem Wald machen sollen. Vielleicht leihen uns ein paar hiesige Eltern ihre Christbäume für den Nachmittag aus, an dem wir spielen. Gretes Mutter will Schneeflocken aus Watte machen und Bärte für die Zwerge. Der lange Lothar spielt den Josef und Katharina die Maria, weil sie blonde Korkenzieherlocken hat und eine schöne Babypuppe. Grete ist die Frau Holle, Angela und ich sind die Zwerge und sagen vor, wenn jemand nicht weiter kann.

Wir haben das ganze Stück auswendig gelernt. Am Anfang singen wir alle:

,Zu dunkler Stunde, still und spät, sitzt eine Frau und sinnt und näht und nestelt leis mit weicher Hand am Windeltuch und Wickelband. Und in der Werkstatt nebenan, wirkt voller Heimlichkeit der Mann ...' usw.

Vielleicht kennst du das Lied. Am Ende des Krippenspiels singen wir ,Leise rieselt der Schnee.'

Alle Eltern sind zu unserem Weihnachtsspiel eingeladen, aber von den meisten Schülern kommt nur die Mutter, weil der Vater noch nicht heimgekehrt oder tot ist. Von meiner Familie wird überhaupt niemand kommen. Vater hustet viel zu oft und laut, weil er eine Rippenfellentzündung hat, der Großmutter geht es auch nicht gut, und Lissi hat keine Lust.

17. Dezember 1947

Von Frau Mattusch habe ich ein Weihnachtsgeschenk bekommen, über das ich mich überhaupt nicht freue. Es ist ein brauner kratziger Pullover mit weißen Fäden darin. Ich soll ihn mit unter den Christbaum legen. Wir haben gar keinen Christbaum, sondern gehen am Heiligabend wieder zu Gretels Familie, da nehme ich den Pullover aber nicht mit. Ich habe schon sehr viele Zellwollfäden aus ihm herausgezogen, aber er wird nicht weicher. Wenn ich ihn eine Weile anhabe, kriege ich rote Flecken am Hals, die jucken fast wie die Quaddeln vom Nesselfieber. Für ihren Sebastian hat Frau Mattusch bestimmt keinen solchen Kratzpullover besorgt. Das Weihnachtspaket, das unsere alte Kinderfrau aus der amerikanischen Zone geschickt hat, war eine große Freude. Siebermarie wohnt jetzt bei einem Bauern in Leonberg, das ist in der Nähe von Stuttgart. Das Paket roch schon nach Apfelsinen und Schokolade, als wir es noch gar nicht aufgemacht hatten. Wir konnten einfach nicht noch ein paar Tage damit warten. Die Schokolade haben wir auf einen Ruck gegessen und jetzt tut es uns leid, dass wir keine mehr für die Feiertage haben. Die Apfelsinen, Nüsse und Pfefferkuchen will Großmutter einteilen und auch die Margarine. Du weißt ja, was sie immer sagt, wenn wir uns etwas teilen müssen: Die eine teilt, die andere wählt. Wählen ist leichter als gleiche Teile machen, nicht wahr, Ingelore?

Wie enttäuscht muss die gutmütige alte Kinderfrau gewesen sein über den Besuch ihrer ehemaligen Pfleglinge nach etwa zehn Jahren! Sie hatte riesige Schnitzel vorbereitet und in viel Fett gebraten, aber die beiden Teenager kosteten kaum davon. Ebenso lehnten sie es ab, Alfreds Bett als Schlafstätte zu benutzen, das in der einzigen Stube stand, die Mutter und Sohn in einem schwäbischen Bauernhaus bewohnten. Die Fragen der Bauersleute waren ihnen lästig, der ‚Moscht‘, den sie als etwas Besonders angeboten bekamen, schmeckte ihnen nicht, kurzum, sie trachteten danach, bald wieder abzureisen. Als Alfred sie zu irgendeinem Heimattreffen mit nach Stuttgart nahm und dort in einem Bierzelt verschwand, nachdem er ihnen je zwei D-Mark in die Hand gedrückt hatte, nutzten sie die Gelegenheit, sich in der Stadt umzusehen und die reichen Auslagen in den Schaufenstern sowie die riesigen Kinoplakate zu bewundern, auf denen die junge Romy Schneider abgebildet war. Zu gern wären sie in den Film ‚Wenn der weiße Flieder wieder blüht‘ gegangen, aber das Geld, das sie in einer Wechselstelle umgetauscht hatten, war schon für Kleiderstoff ausgegeben. Vor der Abreise machten sie noch ein Foto von der Kinderfrau, das sie ihr später zuschickten, aber die Verbindung riss nach einiger Zeit ab. Die beiden Mädchen machten sich keine Gedanken über die Entfremdung zwischen ihnen und der alten Frau und redeten kaum noch von ihr. Gefühle der Dankbarkeit und alter Anhänglichkeit kamen erst später auf, als die Kinderfrau längst nicht mehr lebte.
Sie seufzt. Es gibt so vieles, das zu bedauern aber nicht mehr zu ändern ist. Wichtiges wurde unterlassen oder nicht ausge-

sprochen, Ungeklärtes blieb im Raum stehen, Fragen wurden nicht gestellt, bis es die Menschen, die es betraf, nicht mehr gab. Sie mag jetzt nicht daran denken, wie oft das in ihrem Leben geschah. Sie will noch mehr über eine vergessene Zeit wissen, die ebenso zu ihr gehört. Sie rückt die Brille zurecht und liest weiter.

21. Dezember
Von den Tanten kamen auch Weihnachtspakete an. Tantmarie hat zwei altbackene Brote, ein Stück Feinseife und für Vater eine Schachtel Zigaretten geschickt, das ist sein schönstes Weihnachtsgeschenk, glaube ich. Auf dem Schwarzmarkt kostet eine solche Schachtel jetzt acht Reichsmark, das kann er sich nie und nimmer leisten. Für Großmutter war Stopfgarn im Paket und für Lissi und mich fünf Mark – stell dir vor, für jede von uns fünf!
Die Tanten Berta und Paula haben Strümpfe für uns gestrickt, die kratzen auch so wie der Pullover von Frau Mattusch. Wir sollen alte Seidenstrümpfe darunter ziehen, aber die von Mutti passen uns noch gar nicht. Für Vater haben sie einen Schal und Fausthandschuhe gestrickt, auch aus der kratzigen Wolle. Die Handschuhe hat er gleich angezogen; er will nämlich wieder über die Grenze gehen, um ein Säckchen Korn zu paschen. Der Müller, den er gut kennt, hat eine tschechische Frau und durfte deswegen drüben bleiben.
Von der Volkssolidarität gab es ein Pfund Mehl und ein halbes Pfund Zucker für jeden Flüchtling, auch für uns Kinder. Jetzt können wir Plätzchen backen.

25. Dezember 1947
Lissi, Siegfried und ich waren mit Großmutter in der Kirche. Dort singen sie jeden Sonntag das Lied:
,Wohin soll ich mich wenden, wenn Gram und Schmerz mich drücken,
wem künd ich mein Entzücken, wenn freudig pocht mein Herz? ...'

Mein Herz hat überhaupt nicht freudig gepocht. Wir haben schrecklich gefroren, besonders auf dem Heimweg. Der Schnee knirschte unter unseren Holzschuhen, der Mühlgraben war ganz zugefroren. Aus den Kaminen stieg der Rauch ganz gerade hoch in die Luft und die Sonne sah hinter dem Dunst aus, als ob sie ein riesiger, roter Ball wäre. Lissi jammerte andauernd, wenn bloß bald Frühling wäre! Großmutter sagte, wieder geht so ein Hungerjahr zu Ende. Als wir endlich wieder in der Essenkammer waren, wurde uns wärmer. Zu Mittag gab es Kartoffelknödel mit Speck und Sauerkraut. Vater hatte nämlich auch einen Rucksack voll Kartoffeln und ein Stück Speck über die Grenze geschmuggelt. Das Sauerkraut hat uns Frau Hermann spendiert. Alle wurden satt und zufrieden, und mir fehlt jetzt nur eins: deine Adresse, Ingelore!

Sie nimmt die Brille ab und lässt sie zwischen zwei Fingern baumeln. Immer deutlicher wird ihr bewusst, dass die fernen Tage niemals wieder so lebendig geworden wären in all diesen Einzelheiten, hätte der Vater die Schulhefte nicht aufbewahrt. Weihnachten ganz anderer Art hat sie seit jener Zeit erlebt. Es gab die Vorfreude der Kinder und später der Enkel auf das Fest, die Weihnachtsvorbereitungen voller Heimlichkeiten, die von Zuckerwatte klebrigen kleinen Nasen auf den Weihnachtsmärkten, der Duft von Pfefferkuchen und Schokoladenäpfeln, aber auch das lange Anstehen nach Südfrüchten, nach dem Baum, die Suche nach passenden Geschenken, die nicht teuer sein durften und trotzdem oft als Mangelware unter dem Ladentisch lagen. Nach dem Mauerfall kam dann die Qual der Wahl aus einem überreichlichen Angebot. Gegen den Austausch kostspieliger Geschenke, der in vielen Familien Mode wurde, hat sie sich gesträubt und ist froh gewesen, dass die erwachsenen Kinder ebenso dachten und vorerst keine Computer verschenkten. Ob die nachfolgende Generation sich dem Konsumrausch entziehen kann und der eigentliche Sinn des Weihnachtsfests ganz verloren geht, sei dahingestellt; ob die Kluft zwischen den Wohlhabenden und den sozial Benachteiligten, die um diese Jahreszeit besonders offenkundig wird, eines Tages überbrückt werden kann, ist ungewiss.

Es wird dunkler in ihrem kleinen, fast leer geräumten Arbeitszimmer. Die Sonne steht schon tief, es ist höchste Zeit für einen Spaziergang im nahe gelegenen Wald. Sie zieht ein paar feste Schuh an und nimmt den Weg, der bergauf führt. Sonnenstrahlen fallen schräg durch die Äste der hohen Bäume, die im Wind schaukeln. Sie mag diesen Tanz der Wipfel, das Knarren dürren Geästs, die fallenden Blätter; es ist wie eine einzige beruhigende Melodie. In dieser Jahreszeit werden die Farben milder, die Gerüche intensiver, die Gedanken leichter. Wie oft ist sie nicht schon diesen Weg gegangen, um Kraft zu schöpfen oder zur Ruhe zu kommen. In Zukunft wird sie sich einen anderen suchen müssen, auf dem es ihr gelingt.

Die Suche nach neuen Wegen ist ihr nicht fremd. Immer wieder war es notwendig gewesen, sich umzustellen, sich veränderten Lebenssituationen anzupassen. Nach der relativ unbeschwerten Studienzeit in der großen Stadt an der Saale waren die Jahre des Schuldienstes in der Enge einer thüringischen Kleinstadt eine ganz andere Erfahrung gewesen. Eine junge Frau mit einem Kleinkind, später sogar mit zwei Kindern, war ein Novum in dem vorwiegend männlichen Kollegium. Man war es gewohnt, die Versammlungen des pädagogischen Rats am späten Nachmittag abzuhalten, damit der Mittagsschlaf nicht gestört würde, also ausgerechnet zu einer Zeit, in der die Kinder vom Kindergarten abgeholt werden mussten. Der Schuldirektor fand es unpassend, dass sie wegen ihrer erkrankten Kinder zu Hause blieb, also bat sie eine Nachbarin, für eine geringe Vergütung auf die Kleinen während der Unterrichtszeit zu achten. Sie weiß nicht mehr, wie oft sie in der großen Pause nach Hause gerannt und atemlos zur nächsten Unterrichtsstunde erschienen ist. Es dauerte eine Weile, bis man sie in den Abiturklassen unterrichten ließ, obwohl sie im Gegensatz zu manchen anderen Kollegen die entsprechende Lehrbefähigung aufweisen konnte. Als sie ihre erste Abiturrede vor den Schülern und Eltern hielt, klopfte ihr das Herz unter der neuen Kostümjacke, als aber während des Abschlussballs am Abend eine der Mütter sie im Auftrag ihres Sohnes fragte, ob er mit ihr tanzen dürfe, musste sie vor Rührung lachen. Trotz mancher Misshelligkeiten möchte sie jene Jahre nicht missen, in der sie Gleiche unter Gleichen war, was die Arbeit betraf. Die Rückkehr in die hierarchische Welt der Universität als Lehrende und Lernende zugleich, war von Unsicherheit und Angst geprägt gewesen, bis sie sich zurechtgefunden und fachlich nicht mehr unterlegen gefühlt hatte.

Den schwersten Schritt in ihrem Leben aber hatte sie getan, als sie sich nach langem Zögern aus der glücklosen Ehe löste. Nicht die mitleidigen oder schadenfrohen Blicke, auch nicht die verständnislosen Anrufe von Verwandten und Bekannten, die sie über sich ergehen lassen musste, hatten ihr sonderlich zugesetzt, sondern das eigene Versagen und die damit verbundenen Schuldgefühle. Hingegen berührte es sie kaum, als einmal nach ihrem Abendkurs beim Kulturbund, der als gesellschaftliche Arbeit galt, eine ältliche Professorengattin meinte, es wäre schon dafür gesorgt, dass die Bäume nicht in den Himmel wüchsen. Dennoch ist sie dem jungen Wissenschaftler dankbar gewesen, als er entgegnete, man solle sich doch davor hüten, die eigene Frustration auf andere zu übertragen. Seit sie nicht mehr an der Seite eines Mannes lebte, der sich mit dem politischen System des Landes solidarisierte, musste sie vorsichtiger sein und Nachteile an der Universität in Kauf nehmen. Ihre Anträge auf berufsbedingte Aufenthalte im westlichen Ausland wurden ,aus kaderpolitischen Gründen' abgelehnt, Beförderungen oder Gehaltserhöhungen abgeblockt, Telefongespräche abgehört; letzteres war an einem leisen, aber vernehmlichen Knacken im Telefon bei der Verwendung bestimmter Wörter erkennbar. Wie weit die Netze der Überwachung gespannt waren, wurde ihr erst klar, als sie in einem ehemaligen Gebäude der Staatssicherheit an einem Tisch saß und ihre Akte las. Es gab zwei Arten von Ermittlungsberichten über sie. Die eine war von einem informellen Mitarbeiter mit dem Decknamen ‚Frank' stets handschriftlich verfasst und befasste sich vorwiegend mit ihrer Berufsarbeit und ihrer politischen Einstellung. Die meisten dieser Feststellungen waren aus den Beurteilungen in ihrer Kaderakte einfach abgeschrieben, andere jedoch von Kollegen oder Vorgesetzten erfragt oder zugearbeitet worden. Der Fragebogen zur streng vertraulichen Personenbeschreibung war ziemlich lückenhaft ausgefüllt, d. h., es gab lediglich Hinweise zu Geschlecht, Größe, Gestalt, Teint, Haarfarbe und -struktur sowie zu Kleidung und Frisur – ‚Ohren unbedeckt' – die restlichen achtunddreißig Merkmale waren nicht angekreuzt.

Die andere Art von Ermittlungsberichten war in dem Wohngebiet vorgenommen worden, in dem sie seit ihrer Scheidung lebte, einem ehemaligen Eisenbahnerviertel, das vorwiegend von jungen Arbeiterfamilien und Rentnern bewohnt war. Hausbewohner und Nachbarn hatte man sowohl zu ihrem politischen und sozialen Verhalten, als auch zu ihren Familienangehörigen und sonstigen Verbindungen befragt. Mit Entsetzen las sie den Vermerk, wo sich der Schlüssel zu ihrer Wohnung während ihres Urlaubs befinde. Man hatte der alten Frau D. gegenüber bei der Befragung behauptet, die jüngere Hausbewohnerin sei ‚für höhere Aufgaben vorgesehen', wie ihr die Rentnerin eines Tages flüsternd gestand. Frau D. sagte, sie habe sofort an etwas Politisches gedacht und seither großen Respekt, um nicht zu sagen ein bisschen Angst vor ihr gehabt. Gelungene Einschüchterung durch geschickte Manipulation? Dass es sich lediglich darum gehandelt hatte, ob die Mitbewohnerin nach der Scheidung noch als Auslandskader infrage kam, hatte man Frau D. nicht gesagt. In der Akte fand sich auch der Vermerk, dass ihre Wohnung sehr geschmackvoll eingerichtet sei und in Ordnung gehalten werde. Es fröstelte sie bei dem Gedanken, dass während ihrer Abwesenheit fremde Hände in ihren Sachen gewühlt haben könnten.

Der Blick durch die Fenster hinüber zu den altbekannten fünf Türmen der Saalestadt war immer wieder beruhigend gewesen, während sie in den Akten blätterte.

Mancher Eintrag, wahrscheinlich von einem etwas einfältigen Abschnittsbevollmächtigten verfasst, entbehrte nicht der Komik. Es hieß, sie sei ‚materiell nicht überdurchschnittlich interessiert', was damit begründet wurde, dass sie ‚den älteren Hausbewohnern zu Weihnachten, Ostern und anderen feierlichen Anlässen kleine Geschenke' mache. An Staatsfeiertagen und politischen Höhepunkten werde hingegen von ihr ‚nicht geflaggt', an manchen Sonntagen mache sie Spaziergänge in Richtung Kirche mit ihrem jüngsten Sohn und sei gegen elf Uhr zurück.

Wie gut, dass derartige Ermittlungsberichte längst der Vergangenheit angehörten.

In den acht Jahren als allein erziehende, berufstätige Frau war sie selbstsicherer geworden und hatte gelernt, mit Schwierigkeiten aller Art fertig zu werden. Es hatte lange gedauert, bis sie Halt und Geborgenheit in einer neuen Bindung fand; dennoch wäre die zweite Heirat wohl kaum zustande gekommen, hätte sich ihr jüngstes Kind nicht den Mann, dem sie ihr Vertrauen schenkte, zum Vater gewünscht.

Im Laufe ihres Lebens hatte es immer wieder eine Wendung zum Guten gegeben; nach schwerer Krankheit und riskanter Operation hatte sie ihre Gesundheit wiedererlangt. Zeiten der Angst und des Kummers waren vorüber gegangen. Nie wird sie den sorgenvollen Weg in das Krankenhaus vergessen, in das die Tochter nach einem schweren Autounfall eingeliefert worden war, nie das Glücksgefühl, als sie mit ihr sprechen konnte. Die gleiche Erleichterung hatte sie gespürt ist, als der ältere Sohn nach Tagen auf der Intensivstation zum ersten Mal auf ihre Stimme reagierte. Er hatte das Leben mit seiner Krankheit nicht mehr ertragen wollen und bewusstlos auf dem Fußboden gelegen, als sie ihn in seiner Wohnung fand. Dieser Anblick hat sie jahrelang in ihren Träumen verfolgt. Wären nicht zwei Menschen an ihrer Seite gewesen, die ihr immer wieder Mut zusprachen, wäre sie in solchen Situationen fast verzweifelt.

In Gedanken versunken hat sie ihren Spaziergang weiter ausgedehnt, als sie es vorgehabt hatte. Sie muss umkehren, bald geht die Sonne unter – und dort im Haus wartet immer noch ein Kind darauf, dass seine Briefe zu Ende gelesen werden.

8. Januar 1948

Liebe Ingelore! Wir haben jetzt Teller und Tassen aus Porzellan und sogar eine Zuckerdose mit roten und blauen Blümchen an den Rändern. Das Geschirr hat uns Tantmarie geschenkt. Vater hat bei ihren Bekannten auch drei Felle abgeholt, zwei Schaffelle für Lissi und mich als Bettvorleger und für sich das große weiße Fell von Tantmaries Schäferhund. Großmutter hat immer eine zusammengefaltete Decke vor ihrem Bett liegen, die kann sie waschen, wenn ihr schlecht war. Es ist schön, mit nackten Füßen auf das weiche Fell zu treten in der kalten Kammer. Ich habe ganz raue, aufgesprungene Hände von der Kälte, und die Kernseife brennt auf der Haut beim Waschen. Meine Salbe reicht nur für die Ellenbogen und stinkt außerdem sehr, was mir sowieso schon peinlich ist in der Schule. Meine Klassenkameradin Marlies muss zu Hause viel Knoblauch essen und wird ‚Stinkewitzin' genannt. Hoffentlich sagen sie es nicht auch noch zu mir. Es reicht schon, wenn die Jungen ‚grüne Augen, Froschnatur, von der Liebe keine

Spur' hinter mir herrufen. Du kannst froh sein, dass du blaue Augen hast, dafür gibt es einen besseren Spruch: Blaue Augen, Himmelssterne, haben alle Männer gerne. Werden die Mädchen in deiner Klasse auch oft gehänselt von den Jungen?

14. Februar 1948

Gretel und Willi haben jetzt ein Grammophon und Schallplatten. An der einen Seite hat das Grammophon eine Kurbel zum Aufziehen. Wir dürfen nichts anfassen, wenn Willi in der Nähe ist, sondern müssen warten, bis er zur Schicht gegangen ist. Die Lieder auf den Platten kann ich schon fast alle auswendig. Besonders gut gefällt mir: ‚Ich liebe die Sonne, den Mond und die Sterne, doch am meisten liebe ich dich.
Genau wie die Sonne, der Mond und die Sterne, so fern bist du heute für mich ...'
Ein anderes Lied geht so:
‚Schau nicht hin, schau nicht her, schau nur geradeaus,
und was dann auch kommt, mach dir nichts daraus ...'
Kennst du die Sängerin mit der ganz tiefen Stimme, die Zarah Leander heißt? Lissis Schulfreundin Tina versucht immer, sie nachzumachen mit dem Lied ‚Von der Pußta will ich träumen bei Zigeunermusik ...' aber sie kommt einfach nicht so tief. Tina will nämlich Schlagersängerin werden und übt oft bei uns auf der kleinen Brücke, die ihre Bühne sein soll. Lissi und ich stehen unten am Bach als Zuschauer. Manchmal geht Tina mit mir auf den Friedhof. An der Leichenhalle ist ein Gitter, durch das man sehen kann, ob ein Toter aufgebahrt ist. Tina sieht sich gern die bunten Sträuße und die Kränze mit den Kunstblumen an. Ich mag richtige Blumen lieber, aber jetzt gibt es höchstens ein paar Alpenveilchen. Lissi kommt nie mit zur Leichenhalle, sie fürchtet sich vor den gelblichen Gesichtern der toten alten Männer. Ingelore, weißt du noch, als der Stiefgroßvater in seiner Stube aufgebahrt war, sind wir die Treppe hinauf geschlichen und haben ihn betrachtet. Er hatte Stiefmütterchen zwischen den gefalteten Händen und sah

gar nicht mehr so streng aus wie sonst. Auf einem Tischchen neben seinem Bett brannten zwei Kerzen in den großen silbernen Leuchtern, mit denen wir manchmal heimlich Kirche gespielt haben. Ich glaube, wir beide waren noch ziemlich klein und gingen noch nicht zur Schule.

Jetzt spielen Lissi und ich viel draußen, obwohl es noch kalt und noch nicht richtig Frühling ist. In der Kammer liegt Vater im Bett und hustet andauernd, weil er schon wieder Rippenfellentzündung hat. Er arbeitet jetzt als Heizer in der Weberei und verträgt es nicht, wenn er aus dem Heizhaus in die Kälte hinausgehen muss und wieder zurück in die Hitze.

24. März 1948

Heute ist Gründonnerstag. Nun ist es schon zwei Jahre her, seit ich Mutti zum letzten Mal gesehen habe, aber manchmal denke ich, sie ist immer noch in unserer Nähe. Als wir noch klein waren, hat sie eine Ostersaat für uns gemacht. Ein paar Wochen vor Ostern hat sie Weizenkörner in einen Bottich voll Erde gesät, die dann aufgegangen sind. Zu den Feiertagen waren die grünen Halme schon ungefähr zwanzig Zentimeter lang. Das war unser schönstes Osternest.

6. April 1948

Fräulein Jannasch hat mir beigebracht, wie Kniestrümpfe gestrickt werden. Ich habe mir welche aus Fallschirmseide gemacht, mit Lochmuster oben für den Gummizug, aber sie rutschen trotzdem. Großmutter duldet es nicht, dass ich sie jetzt schon in die Schule anziehe, weil es früh noch kalt ist; also stecke ich sie in meine Schultasche und ziehe unterwegs die langen Strümpfe aus und die Kniestrümpfe an. Auf dem Heimweg muss ich sie nicht mehr umwechseln, zu Mittag ist es warm und Großmutter hat ihr Verbot vergessen. Für Lissi muss ich jetzt unbedingt ein Paar Söckchen stricken, sonst verrät sie mich.

21. Mai 1948

Gestern hatten Lissi und ich Firmung im Nachbardorf, weil der Bischof kam und dort eine richtige große Kirche ist. Wir sind schon zeitig aufgestanden, weil wir dorthin laufen mussten. Die Sonne schien schon, wir brauchten keine Strickjacken, alle Leute hatten Sonntagskleider an, natürlich auch unsere Firmpatinnen, die beide Anna heißen. Lissi und ich bekamen also denselben Firmnamen und einen Backenstreich vom Bischof, der aber von seiner weichlichen Hand nicht wehtat. Dann haben wir alle bei Gretel gefeiert. Onkel Franz, der erst vor ein paar Tagen aus der russischen Kriegsgefangenschaft gekommen ist, war auch dabei. Er kann gar nicht richtig laufen, so schwach ist er, manchmal wird ihm beim Essen schlecht. Nach dem Kaffeetrinken hat uns Willi im Hof geknipst, erst alle Verwandten, dann Lissi und mich mit den Paten, dann nur die Kinder. Siegfried wollte unbedingt sein neues Fahrrad mit auf dem Foto haben, aber Gislinde war dagegen, und bei ihr muss er immer nachgeben. Lissi und ich wären schon froh, wenn wir zusammen ein Fahrrad hätten, aber wer sollte uns das kaufen? Hast du eigentlich eins, Ingelore? Du würdest mich bestimmt damit fahren lassen.

22. Mai 1948

Großmutter hat heute Geburtstag, sie ist schon 59 Jahre alt, aber ihr Haar ist erst grauweiß und kräuselt sich, darauf ist sie stolz. Ihre Frisur stammt bestimmt noch aus ihrer Jugendzeit. Sie legt ihr langes, dünnes Zöpfchen wie ein Nest oben auf den Kopf und steckt es mit Haarnadeln fest. Du weißt das vielleicht nicht mehr, weil sie zu Hause fast immer ein Kopftuch umhatte. Heute früh war sie mit uns bei einem richtigen Fotografen. Das Geld für die Bilder hat sie sich von der Fürsorge abgespart, die dreißig Mark im Monat beträgt. Wenn sie sechzig ist, wird sie keine Rente bekommen, weil sie früher selbständig war als Bäuerin. Der Fotograf stellte Lampen auf und schob Vorhänge auf und zu. Ich musste mich auf ein kleines, altmodisches Sofa setzen und die Beine übereinander schlagen. Lissi sollte sich neben mich stellen und mir die Hand geben. Wir hatten unsere guten, hellblauen Kleider mit der weißen Kordelstickerei an, die Gerta für unsere Firmung genäht hatte. Großmutter hätte es gern gehabt, wenn wir weiße Schleifen ins Haar gebunden hätten, aber wir wollten nicht wie kleine Kinder aussehen. Mein Haar reicht jetzt fast bis zu den Schultern und ist ein bisschen lockig, Lissis Haar ist glatt, dunkler und kürzer, aber nicht so dünn wie meines. Der Fotograf zupfte an uns herum und rückte uns so lange zurecht, dass es uns schwer fiel, auch noch freundlich zu lächeln, als er endlich hinter seinem schwarzen Kasten verschwunden war. Nächste Woche können wir die fertigen Bilder abholen. Ich würde dir gern ein Foto schicken, Ingelore, damit du die schönen Kleider sehen kannst, aber ich weiß leider immer noch nicht, wo du bist. Von dir hätte ich auch gern ein neues Foto, damit ich endlich sehen kann, wie du jetzt aussiehst.

28. Mai
Aus den beiden sechsten Klassen haben die Lehrer Kinder ausge-wählt, die bei ‚Peterchens Mondfahrt' mitspielen dürfen. Das Stück wird zum Schuljahresende im Karli-Haus aufgeführt. Für die Hauptrolle, das Peterchen, mussten etliche Kinder vorsingen, ich auch. Dann hat Regina die Rolle bekommen, weil sie die schönste Stimme und Locken hat. Mir haben sie nur eine kleine Nebenrol-le gegeben, da war ich ein bisschen enttäuscht. Ich muss mit Ber-tram aus meiner Klasse das Lied von den Schwefelhölzern singen; die einzelnen Strophen abwechselnd, den Refrain zusammen. Jetzt hänseln sie mich in der Schule und singen ‚wo mag denn nur mein Bertram sein.' Wir haben an zwei Nachmittagen in der Woche Probe. Erst danach kann ich zu Frau Mattusch gehen. Sie ist ärgerlich darüber, dass der Abwasch dann so lange herumsteht, aber selber macht sie ihn auch nicht.
Gestern gab es noch eine Enttäuschung für mich, das kann ich niemandem erzählen außer dir. Auf dem Weg zur Probe legte der

Frieder aus der achten Klasse seinen Arm um meine Schultern und sagte, er hätte eine Bitte. Er holte eine Perlenkette aus seiner Hosentasche, und ich dachte erst, die wäre für mich, aber er wollte nur, dass ich die Kette an Veronika Dammerling weitergebe mit einem schönen Gruß von ihm, weil er es sich selber nicht traut. Die Kette ist bestimmt von früher, als Frieders Eltern noch die Besitzer der Fallschirmfabrik waren. Veronika ist größer und hübscher als ich, aber sie hat immer noch ihre Milchzähne im Mund. Wenn sie lacht, sieht es komisch aus. Zum Glück ist ihr Vater Zahnarzt und kann ihr ein Gebiss machen, wenn die zweiten Zähne nicht wachsen. Fräulein Hilsch sagt, jetzt nach dem Krieg sind fast alle Kinder unterernährt und haben Probleme bei der Entwicklung. Veronikas kleine Schwester hatte Typhus, da sind ihr alle Haare ausgefallen. Sie saß immer mit einem Kopftuch in der Klasse, bis wieder kurze Stoppeln gewachsen waren.

4. Juni 1948

Gundel hat mir komisches Zeug erzählt. Sie war in Berlin zu Besuch bei ihrem Onkel und sollte sich vor ihm nackt ausziehen. Außerdem hat er sie angegrapscht. Gundel traut sich nicht, es ihrer strengen Tantenmutter zu erzählen, aber sie ist auch nicht richtig böse auf den Onkel. Es soll ein Geheimnis zwischen ihnen bleiben, bis Gundel wieder hinfährt. Das verstehe ich nicht. So einen schweinischen Onkel würde ich nicht mehr besuchen.
Die Tantenmutter hat bestimmt, dass Gundel jetzt einen engen Gürtel umbinden muss, damit sie eine schmale Taille bekommt. Gundel kann unmöglich damit rennen, ohne Seitenstechen zu bekommen, also macht sie den Gürtel auf dem Schulweg ab und erst auf dem Heimweg wieder um.

13. Juni

Alle Erwachsenen sind aufgeregt wegen der Währungsreform. Großmutter jammert, jetzt wird uns noch der letzte Groschen weggenommen. Wir haben doch sowieso nicht viel Geld, aber wenigstens jetzt genug zu essen. Vater fährt Holz für ein Sägewerk und bekommt dafür Brotmehl als Bezahlung. Das Brotmehl können wir gegen Brot umtauschen. Tantmarie hat uns zehn Kilo Kartoffeln geschickt, weil sie achtzehn Kilo von dem Sägewerksbesitzer bekommen hat, bei dem sie als Hauswirtschafterin arbeitet. An Vater hat sie geschrieben, dass der tschechische Zollbeamte in unserem Heimatdorf fristlos entlassen wurde, weil er zu deutschfreundlich war. Er sollte mit seinen Eltern sofort nach Mähren umziehen. Seinen Vater hat der Schlag getroffen, weil er nicht fortgehen wollte, und sie mussten ihn erst noch begraben. Unser Schulweg ging im Winter an ihrem Hof vorbei. Im Sommer brauchten wir nicht den langen Weg durchs ganze Dorf gehen, sondern konnten die Abkürzung über die schmale Holzbrücke benutzen, die Vater im Frühling über die Neiße legte. Leider nahm er sie im Herbst wieder weg. Hast du vielleicht auch gehört, dass sich Herr Lehrer Rösler mit seiner Frau zusammen das Leben genommen hat, weil er nicht ausgewiesen werden wollte? Wir konnten ihn besser leiden als den strengen Herrn Oberlehrer.

1. Juli 1948
Lissi und ich haben Angst vor einer Stiefmutter. Die Stiefmütter in den Märchen sind alle böse, denk mal an die von Aschenputtel, Schneewittchen oder Brüderchen und Schwesterchen.
Vater liest nämlich jeden Samstag die Heiratsannoncen in der Zeitung genau durch. Viel mehr Frauen suchen einen Mann als umgekehrt. An manche schreibt Vater Briefe; einmal hat er sogar ein Foto von uns mitgeschickt, das haben wir ihm sehr übel genommen. Großmutter sagt, er ist auf Brautschau, und die übrig gebliebenen Männer haben eben große Auswahl nach dem Krieg. Stell dir vor, vorige Woche wollte ihn so eine aufdringliche Frau besuchen. Vater war gerade in der Bodenkammer, als wir sie den Weg herunterkommen sahen. Da haben wir die Kette an der Haustür eingehängt, und ich bin hoch zu Vater und habe ihn mit meinen Schulheften abgelenkt, die sieht er sich nämlich gern an. Lissi

hat durch den Türspalt gesagt, er wäre nicht zu Hause, da ist die Frau abgezogen. Wir dachten, wir hätten sie los. Nach einer Stunde stand sie auf einmal im Hausflur und redete auf Vater ein. Er brachte sie zum Bahnhof, aber bis jetzt hat sie sich nicht wieder blicken lassen. Abends haben wir zu Vater gesagt, dass wir beide abhauen und nie wiederkommen würden, wenn er eine fremde Frau heiratet. Lissi möchte gern, dass er Frau Hermann zur Frau nimmt, weil sie freundlich zu unserer Familie ist, aber ich glaube, sie ist ihm zu dick. Er sieht nämlich noch ziemlich gut aus mit seinem dichten weißblonden Haar und seinen blauen Augen, obwohl er schon vierundvierzig Jahre alt ist.

8. Juli 1948
Die Schuljahresabschlussfeier gestern mit ‚Peterchens Mondfahrt' war eine Pleite für mich. Als ich mit Bertram vorn auf der hellen Bühne stand und die vielen Leute unten sah, blieben mir die Töne fast im Halse stecken. Hinterher hat mich Bertram ausgeschimpft, weil ich so gepiepst und ihn mit blamiert hätte; er ist ein großer Angeber. Ich habe vor ihm nicht geheult, erst auf dem Klo, als alle schon heimgingen mit ihren Eltern oder Müttern. Von meiner Familie war Gott sei Dank keiner da, Vater musste auf Arbeit, Großmutter hatte ihre Krämpfe gehabt und Lissi war froh, dass schulfrei war und wollte lieber draußen spielen. Nächstes Jahr mache ich so etwas nicht wieder mit, vom Lampenfieber habe ich genug.
Vor dem Karli-Haus stand meine Schulfreundin Angela und lud mich zu ihrer Geburtstagsfeier ein, sie hatte mit ihrer Mutter auf mich gewartet. Hoffentlich haben sie nicht gesehen, dass ich verheult war. Angelas Mutti sagte, du bist doch eins von den Mädchen, die keine Mutter mehr haben. Da habe ich bloß genickt und mich schnell davon gemacht, weil mir schon wieder die Tränen kamen. Ich werde für Angela die Glasperlen, die mir Frau Hermann geschenkt hat, auffädeln und eine lange Halskette machen, aber bevor ich zu ihrer Feier gehe, muss ich ihr sagen, dass bei uns die Geburtstage leider nicht mehr gefeiert werden, seit meine Mutti gestorben ist.

Es ist etwas ganz Schlimmes passiert, und zwar mit Wera, einem
Mädchen aus dem Nachbarhaus, mit dem ich manchmal spiele.
Ich habe Wera versprochen, es niemandem zu erzählen, aber dir
muss ich es schreiben. Sie stammt aus Schlesien und hat keinen
Vater mehr. Außerdem kann sie ihr linkes Auge nicht richtig aufmachen, weil sich das Augenlid nicht bewegen lässt. Manchmal
wird sie deswegen gehänselt. Sie wohnt zusammen mit ihrer Mutter
und ihrer jüngeren Schwester in einer Stube, die ihnen der Hauswirt abtreten musste. Gestern hat der hässliche alte Mann Wera in
den Garten gelockt und ihr die Augen zugebunden. Er hat zu ihr
gesagt, sie soll den Mund aufmachen, er hätte eine Überraschung
für sie, nämlich eine Süßigkeit. Dann ist er auf einen Stuhl gestiegen, hat sein Ding aus dem Hosenstall geholt und es ihr in den
Mund gesteckt. Wera hat geschrien und sich vor Ekel ein paar Mal
übergeben. Ihr wird immer noch schlecht, wenn sie daran denkt.
Ihre Mutter ist gleich zur Polizei gegangen und hat den schrecklichen Kerl angezeigt. Heute haben sie ihn abgeholt mit dem Polizei-
auto. Hoffentlich muss er für immer ins Gefängnis, aber wenn er
nicht richtig im Kopf ist, kommt er vielleicht nur in eine Irrenanstalt. Wir wollen ihn nie wieder sehen. Wera tut mir so leid.

Gundel arbeitet jetzt zweimal in der Woche nachmittags in der
Gemeindebücherei, das ist sehr praktisch für mich, denn sie lässt
mich die Bücher alle ansehen und ich kann mir mindestens drei auf
einmal ausleihen, auch Romane. ,Die Heilige und ihr Narr' fand
ich ziemlich langweilig, aber ,Robinson Crusoe'' ist sehr spannend.
So allein auf einer Insel möchte ich zwar nicht leben wie Robinson
anfangs, bevor der Freitag kam, aber ich würde gern mal mit dem
Schiff übers Meer fahren und fremde Länder sehen.
Die Bücherei ist im Rathaus im ersten Stock. Wenn gerade niemand Bücher holt oder bringt und wir allein sind, macht Gundel
die Absperrung auf und lässt mich zu den Regalen gehen. In ei-

nem Regal stehen lauter Bücher über Erdkunde, Physik und Astronomie. Ich habe mir aus einem die Tabelle über Geschwindigkeiten des Schalls und aus einem anderen die Tabelle von den Uhrzeiten in den Großstädten der Welt abgeschrieben. Also, wenn du drei Sekunden zwischen Blitz und Donner zählen kannst, ist das Gewitter noch einen Kilometer entfernt. Wenn bei uns die Schule aus ist, schlafen die Kinder in San Francisco noch, weil die Stadt viel weiter westlich liegt. Hast du das gewusst? Du kannst dir bestimmt vorstellen, dass Gundels Arbeit viel interessanter ist als meine bei Mattuschs.

Vorigen Mittwoch hat Frau Mattusch ein Theater gemacht, weil ich zu Angelas Geburtstagsfeier gegangen bin und sie selber abwaschen musste. Über die Perlenkette hat sich Angela gefreut. Es gab Kakao und Kuchen und danach haben wir ,Alles was Flügel hat, fliegt hoch in die Luft' und ,Drei Fragen auf Ehre und Gewissen' gespielt. Vroni und Kathi waren auch dabei, und alle haben etwas gewonnen. Zum Schluss durften wir nämlich Lose ziehen, die Gewinne hat Angelas Mutti aus ihrem Laden spendiert. Für mein Los habe ich eine kleine Holzdose mit Deckel bekommen. Sie ist mit gelben und braunen Blättern bemalt und jetzt mein Schatzkästlein.

11. August 1948
Liebe Ingelore, du konntest mir ja nicht zum Geburtstag gratulieren, weil du auch nicht weißt, wo ich wohne. Eine Geburtstagsfeier gab es sowieso nicht, aber ich dachte den ganzen Tag, vielleicht geschieht noch etwas Wunderbares. Ich war mit Angela im Schwimmbad, und als wir nach Hause gehen mussten, war immer noch nichts passiert. Wer in den Ferien Geburtstag hat, kann sich nicht einmal ein Lied von der Klasse wünschen, und der Tag unterscheidet sich gar nicht von anderen Sommertagen. Na ja! Wenigstens traue ich mich mit den Schwimmkissen schon ins tiefe Wasser. Deine jetzt zwölf Jahre alte Heli.

15. August

Gut, dass nur die Erwachsenen gegen Typhus geimpft werden; man darf nämlich danach nicht baden. Ich übe jetzt jeden Tag schwimmen mit Angela. Bald werde ich keine Nichtschwimmerin mehr sein, ein paar Züge halte ich mich schon über Wasser. Angela sagt, ich atme nicht richtig, weil ich so nach Luft schnappe. Bei ihr sieht es immer ganz leicht aus, wenn sie über den Badeteich schwimmt. Voriges Jahr war sie mit ihrer Mutter an der Ostsee, da ist sie auf den großen Wellen geritten. Sie springt auch vom Sprungturm ins Wasser, sogar vom Drei-Meter-Brett. Ich glaube, das werde ich mich nie trauen, denn ich bin immer noch ziemlich wasserscheu. Wie ist das mit dir, Ingelore, kannst du schon schwimmen? Angela hat einen gelben Badeanzug und einen Luftanzug aus hellblauem Stoff mit Rüschen am Oberteil und am Röckchen. Weil ich ihre Freundin bin, darf ich einen von beiden auf der Liegewiese anziehen, damit ich nicht ausgelacht werde in meinem Schlüpfer.

4. September 1948

Ich gehe jetzt in die B7 in der oberen Schule. Wir sind zweiundzwanzig Mädchen und siebzehn Jungen in der Begabtenklasse. Zum Schuljahresanfang hat uns Fräulein Hilsch, die unsere Klassenlehrerin geblieben ist, das schöne Lied beigebracht: ‚Wahre Freundschaft soll nicht wanken, wenn sie gleich entfernet ist, lebet fort noch in Gedanken und der Treue nicht vergisst …'
Ich kann jetzt sogar die zweite Stimme singen. Das Lied hat noch zwei weitere Strophen, aber du kennst es vielleicht schon. Fräulein Hilsch hat uns erklärt, dass es aus Franken stammt und schon vor zweihundert Jahren entstand, als die Grammatik noch ein bisschen anders war als jetzt. Grammatik und Schönschrift ist das Wichtigste für unsere Klassenlehrerin, darin ist sie ganz streng mit uns. Immer wenn wir das Lied singen, muss ich an dich denken, denn wir sind schon so lange entfernt. Ich versuche dann, mir vorzustellen, wie du jetzt aussiehst und was du anhast, aber es

gelingt mir einfach nicht. Auf dem Faschingsfoto bist du erst acht Jahre alt und jetzt sind wir beide schon zwölf. Hast du eigentlich noch Zöpfe und Mittelscheitel? Doris aus meiner Klasse lässt sich Affenschaukeln von ihrer Mutter machen, darüber lästern die Jungen. Ich lasse mir das Haar jetzt lang wachsen, und zwar gleichmäßig. Die Rolle auf dem Kopf habe ich abgeschafft. Zwei Mädchen aus der B7 sehen wie Prinzessinnen aus, und zwar die blonde Katharina mit ihren langen Locken und dem weiten Glockenröckchen, das ihre Mutter gestrickt hat und die rotblonde Isa, die immer so gut riecht, weil ihre Eltern eine Drogerie haben. Alle anderen Mädchen sind ein bisschen neidisch auf die beiden und die Jungen glotzen sie immer an.

5. Oktober
Du erinnerst dich doch an Tante Paula, die jüngste Schwester meines Vaters, die mit in unserem Haus wohnte, weil sie nicht verheiratet war. Sie hat sich über das Foto von der Firmung sehr gefreut und geschrieben, sie hätte es ,richtig studiert', weil sie uns schon so lange nicht gesehen hat. Dabei sind unsere Kinderjahre in Gedanken an ihr vorüber gezogen. Du warst ja auch manchmal dabei, wenn wir Schule spielten. Tante Paula hat dann die schönen Zeichnungen aus Vaters Schulzeit hervor geholt, und wir haben neue Zensuren darunter geschrieben. Er hatte fast nur Einsen vom Zeichenlehrer bekommen, wir haben sie umgeändert in die Noten Zwei und Drei, manchmal sogar in eine Vier oder Fünf, je nachdem, wie uns die Bilder gefielen. Selber konnten wir natürlich nicht so gut malen.
Jetzt haben fast alle Mädchen in meiner Klasse ein Poesiealbum, in das man auch etwas malen kann, vor allem Blumen. Ich habe vierzehn Tage lang meinen Arbeitslohn von Frau Mattusch gespart und mir eins bei Angelas Mutti gekauft. Es hat einen dunkelgrünen Deckel mit der goldenen Aufschrift ,Poesie' oben. Als Erste hat Fräulein Hilsch einen Spruch hinein geschrieben, dann habe ich es den anderen Lehrern gegeben und jetzt sind die Schul-

kameraden an der Reihe. Ingobert aus der Parallelklasse hat neben seinen Spruch drei Enzianblüten gemalt, er kann am besten von uns allen malen ...

Ihr Poesiealbum muss wohl verloren gegangen sein. Vielleicht hat sie es in jungen Jahren selbst weggeworfen, dabei hätte sie jetzt gern all die vergessenen Namen unter den Sprüchen wieder gefunden. Bei einem Klassentreffen hatte sie ihren Eintrag im Poesiealbum einer ehemaligen Schulkameradin zu Gesicht bekommen und danach das Album vergeblich gesucht. Die eigenen Kinder fanden Poesiealben ziemlich kitschig und veraltet. Umso erstaunter war sie, als ihr die dreizehnjährige Enkelin stolz ein Büchlein präsentierte, das zwar anders aufgemacht und mit anderen Sprüchen versehen, aber doch ein Poesiealbum war. Die Einträge waren wie damals sorgfältig und schön geschrieben, manche auch verziert.
Zuweilen kostet es Zeit, die verblassten und verwischten Schriftzüge im Heft des Kindes zu entziffern, dennoch gibt sie es nicht auf, wenigstens den Sinn zu erfassen.

... Isa hat mir das Album weggenommen und das Bild in der Pause ... gezeigt. Auf dem Heimweg haben die Jungen scheinheilig gefragt, was die dritte Blüte bedeuten soll ... wusste ich, wie sie es meinen ... mich dumm gestellt. Isa fing an zu singen ‚Braut und Bräutigam, morgen fängt die Hochzeit an‘, ... die anderen ... mit; aber der lange Henner, der mich früh immer mit Ingo ... zusammen abholt, nahm mich in Schutz. ... Isa ist bloß eifersüchtig. ... Henner's Spitzname ist ‚Fichte-Vater‘ ... groß und dünn und ... Fichte mit Familiennamen. Manchmal wünschte ich mir, er wäre mein Bruder, er beschützt mich und ist nicht so frech wie die anderen.

24. Oktober 1948

*Endlich habe ich meinen Aufsatz fertig. Diesmal brauchte ich nicht
zu schwindeln wie beim Ferienerlebnis, weil ich keins hatte, sondern musste mir etwas ausdenken. Fräulein Hilsch wollte, dass
wir unsere Fantasie spielen lassen und ein Märchen aufschreiben.
Mein Aufsatz heißt ,Die Schneekönigin' und handelt von einer
schönen, weißen Frau mit einer silbernen Krone auf dem schwarzem, langem Haar. Sie wohnt in einem Eispalast und hat zwei
Kinder; ein Mädchen, das Kälte heißt und einen Jungen namens
Frost. Wenn es Winter wird, dürfen sich die beiden erst austoben
draußen, bevor die schöne Mutter eine große, weiche Schneedecke
über das Land breitet und die Bäume und Sträucher mit Raureif
verziert. Dann schaut sie den Kindern von weitem zu, wie sie auf
ihrem Schlitten den Berg hinuntersausen und achtet darauf, dass
die Saaten nicht erfrieren. Hoffentlich hat Fräulein Hilsch nichts
dagegen, dass mein Aufsatz nicht in die jetzige Jahreszeit passt,
aber vielleicht ist das bei einem Märchen nicht so wichtig.*

15. November

*Vater arbeitet jetzt in einer Schuhfabrik und bringt manchmal
Ausschuss mit nach Hause; einmal waren es vier linke Sandalen,
die passten uns nicht, aber jetzt haben wir ein Paar niedrige Schuhe,
von denen der rechte eine Nummer größer ist als der linke, das
geht, wenn wir in den rechten vorn Watte stopfen. Für den Winter
haben wir neue Holzschuhe, Lissi hat schon die gleiche Schuhgröße
wie ich. Unseren Cousinen haben wir Holzsohlen und Holzschuhe mit der Bahnpost geschickt und dafür sechzehn Kilo Weizen
von ihren Eltern bekommen.*

*Heute mussten wir als Klassenaufsatz eine Bildbeschreibung ma-
chen. Fräulein Hilsch hatte ein großes Waldbild an den Karten-
ständer gehängt, darauf war eine Lichtung zu sehen und ein alter
Mann, der auf einem Baumstumpf saß. Er hatte eine Pfeife in der
Hand und eine Flinte über die Knie gelegt. Um ihn herum hock-
ten ein paar Kinder, denen er wahrscheinlich eine Geschichte er-*

zählte. Das Bild gefiel mir, der Aufsatz nicht. Nach und nach habe ich mich aber so hinein vertieft, dass ich fast eine Rechenheftseite voll geschrieben habe.

6. Dezember

Schon vor ein paar Tagen kam ein Paket von unserer Kinderfrau aus Leonberg an, heute durften wir es endlich aufmachen, weil Nikolaus ist. Jeder von uns bekam etwas. Großmutter freute sich über die Margarine und den Kakao, Vater über die Rasierseife und Lissi und ich über zwei große Tafeln Schokolade und Apfelsinen. Außerdem waren Haferflocken, Zucker und Palmin in dem Paket. Jetzt sind die Weihnachtsplätzchen gerettet!

Was sich Fräulein Hilsch zum Nikolaustag ausgedacht hatte, war dagegen überhaupt nicht schön. Wir mussten nämlich schon wieder einen Klassenaufsatz schreiben. Ich glaube, sie streicht gern Fehler an mit ihrer roten Tinte.

Frau Mattusch war heute sehr unwirsch, weil ich gleich nach dem Abwaschen zu Vroni Dammerling gehen wollte, um mit den anderen fürs Christkindel-Singen zu üben. Erst die Arbeit, dann das Spiel, sagte sie wütend und gab mir drei Paar Socken von ihrem Mann zum Stopfen. Als ich fertig war, setzte sie die Brille auf und kontrollierte die gestopften Stellen. Dann durfte ich endlich gehen. Vroni und der lange Lothar waren ärgerlich, weil sie alle Lieder schon geübt hatten. Lothar schwitzte in seinem Fellumhang, er spielt nämlich den Knecht Ruprecht und verhaspelt sich immer bei seinem Gedicht ‚Draußen vom Walde komm' ich her'. Die Engel waren schon eingeteilt, also blieb mir nichts anderes übrig, als einen Zwerg zu spielen; dabei hatte ich mir extra ein weißes Nachthemd von Frau Hermann ausgeborgt und es unten umgenäht. Jetzt brauche ich eine Kapuze und einen weißen Bart aus Watte. Vroni ist natürlich das Christkind, weil sie blonde Locken hat. Ihre Milchzähne stören dabei auch nicht, im Gegenteil. In dem Krippenspiel, das wir in der Kirche aufführen, ist sie aber nur einer von den acht Engeln wie Wera und ich. Machst du auch bei einem Krippenspiel mit, Ingelore?

*Fast jeden Nachmittag, wenn es dunkel wird, gehen wir Christ-
kindel-Singen zu den Familien, die wir vorher gefragt haben,
ob sie es wollen. Im Hausflur singen wir ,Vom Himmel hoch, da
komm ich her'. Manche von den kleinen Kindern fürchten sich
vor unserem Knecht Ruprecht und sagen schnell ein Gedicht auf
oder singen ein Lied. Dann bekommen sie aus seinem Sack, was
ihre Eltern vorher im Hausflur hineingesteckt haben; meistens
sind es Pfefferkuchen oder Plätzchen. Den größeren Kindern droht
Lothar mit seiner Rute, schärft ihnen ein, dass sie in Zukunft
artiger sein müssen und zeigt ihnen das große Buch, in das er
alle guten und schlechten Taten einschreibt. Zum Schluss singen
wir ,Bald nun ist Weihnachtszeit, fröhliche Zeit'. An der Haustür bekommen wir dann Geld oder Süßigkeiten für unsere Mühe.
Manche Leute sind ziemlich knauserig, andere, meistens ärme-
re, sind freigebiger. Nach unserer Runde gehen wir zu Veronika,
ihre Eltern haben eine große Wohnung. Dort teilen wir alles
gerecht auf. Gestern bekam jeder von uns eine Mark und fünf-
undsiebzig Pfennig und außerdem eine Handvoll Bonbons, ist
das nicht prima? Dafür muss ich bei Frau Mattusch fast vier
Nachmittage arbeiten und werde noch ausgeschimpft, wenn ich
etwas anderes vorhabe.*

*Jetzt muss ich noch meinen Hausaufsatz über ,Weihnachtsvorbe-
reitungen' ins Reine schreiben. Ich habe mir eine Familie ausgedacht, die in einem kleinen Haus am Waldrand wohnt. Durch
die vereisten Fenster fällt das Licht in den verschneiten Garten.
Die Mutter macht gerade Plätzchenteig, die Großmutter sitzt im
Lehnstuhl und strickt, drei kleine Kinder kuscheln sich auf dem
Sofa aneinander, der Vater und der große Bruder kommen mit
einem Tannenbaum und allerlei Paketen nach Hause. Die Kinder werden ins Bett geschickt und die Erwachsenen beginnen, an
ihren Geschenken zu arbeiten; die Mutter an einem Kleidchen,
der Vater an einer Puppenwiege und der große Bruder an einem
Pferdchen aus Holz. Die Großmutter steckt drei Lichter auf dem*

Adventkranz an und alle singen leise ‚O du fröhliche, o du selige gnadenbringende Weihnachtszeit'.
Ich glaube, eine solche Familie gibt es überhaupt nicht. Viele Kinder haben jetzt keinen Vater mehr, manche keine Mutter oder keine Heimat und bei denen, die noch alles haben, ist oft Zank und Streit.

20. Dezember 1948
Stell dir bloß mal vor, Ingelore, aus grüngrauem Militärstoff, den sie noch in der Fabrik hat, lässt Frau Mattusch einen Wintermantel für mich schneidern. Wenn ich zur Anprobe durch den Saal gehen muss, starren mich die Frauen an den Maschinen groß an, der Zuschneider zupft an mir herum und alles ist mir peinlich. Ich will keinen Mantel, in dem ich wie ein kleiner Soldat aussehe, trau mich aber nicht, es zu sagen, und alle tun so, als ob das ein wunderbares Weihnachtsgeschenk wäre und ich mich darüber riesig freuen würde!
Wenn ich am Heiligabend zum Krippenspiel gehe, ziehe ich meinen alten Mantel an, obwohl er an den Ärmeln und auch sonst viel zu kurz ist. Wir acht Engel haben Kronen mit einem Stern vorn aus Goldpapier gebastelt und lassen das Haar offen hängen; meins ist immer noch nicht lang genug, obwohl ich es seit dem Sommer wachsen lasse. Dass Wera aus dem Nachbarhaus auch zu den Engeln gehört, finde ich gut. Vielleicht kommt sie bald darüber hinweg, was ihr der böse alte Mann angetan hat. Er sitzt jetzt im Kittchen und kommt hoffentlich dort nie wieder heraus. Mein Versprechen, niemandem etwas davon zu sagen, habe ich gehalten. Dir habe ich es zwar geschrieben, aber ob du es irgendwann mal liest, bezweifle ich langsam.

2. Weihnachtstag
Eigentlich bin ich froh, dass Weihnachten so gut wie vorbei ist. Das Krippenspiel war noch das Beste. Auf dem Heimweg haben wir die beiden geärgert, die den Josef und die Maria spielten. Sie

sind Ungar-Deutsche, können am besten von uns allen singen und sind schon fast erwachsen und ineinander verliebt. Einer von den Hirten ist ziemlich eifersüchtig auf den Josef. Wir haben uns versteckt und sie erschreckt, als sie sich gerade küssten. Die Mädchen aus Ungarn haben sonntags sieben Röcke übereinander an wie ihre Mütter und Großmütter, aber keine schwarzen Kopftücher mit Fransen wie die älteren Frauen.

Zur Bescherung sind wir mit Großmutter bei Gretels Familie gewesen, denn sie hatten einen Christbaum, wir nicht. Siegfried bekam ein Schifferklavier, Gislinde einen Puppenwagen, für Lissi und mich gab es Geschirrtücher. Lissi tat wenigstens nicht so, als ob sie sich freuen würde; sie betrachtete immer Gislindes Puppenwagen, damit fahren wollte sie nicht. Ich habe mich bei Gretel bedankt, aber die ganze Zeit nur daran gedacht, wie bei uns zu Hause Weihnachten gefeiert wurde, als wir noch alle beisammen waren.

Es ist dunkel geworden, ihre Augen beginnen zu brennen, der Magen rebelliert gegen das lange, gekrümmte Sitzen. Sie holt ein Glas Wasser aus der Küche, macht ein paar Atemübungen, beschließt, sich für ein paar Minuten auf der Liege auszustrecken und fällt in eine Art Halbschlaf.

Bilder tauchen auf und verschwinden wieder, setzen sich zusammen und zerfallen wie Muster in einem Kaleidoskop. Da ist eine Kammer mit kunstvoll gefalteten Papierblumen an den Wänden, auf dem einen Bett zwei junge Polinnen in bestickten Sonntagsblusen, auf dem anderen zwei Kinder in Festtagskleidern. Sie warten auf das Christkind. Die Tür wird aufgerissen. „Es gibt gar kein Christkind", sagt Elli, das dicke Pflichtjahrmädchen. „So sprechen ist Sünde", flüstern die Fremdarbeiterinnen. Endlich die Glocke zur Bescherung. „O Tannenbaum, o Tannenbaum ..." Alle drei Strophen. Kerzen überall, auch auf der weiß gedeckten Tafel. Flimmerndes Lametta, leise klirrende Glaskugeln, Zweige schwer von Gebäck und Schokoladenringen, die Baumspitze an der Balkendecke, Stimmengewirr in der Bauernstube, Verwandte, Bekannte. Fremde. An der Tür die schwarzhaarige schöne Frau in einem dunkelgrünen Kleid mit großem, weißem Spitzenkragen, blass, ernste dunkle Augen, daneben der Bauer im weißen Hemd und dunkler Weste, abgekämpft, müde. Pierre, der junge Franzose, sagt „Gute Weihnacht, Madame, Monsieur", macht eine tiefe Verbeugung vor ihnen, dem uniformierten Mann den Rücken zugewandt. Der Unteroffizier im Fronturlaub fiedelt auf einer Geige, es klingt falsch. Die Geige des Großvaters hat neue Saiten, gehört jetzt einem Kind, es soll spielen lernen. Ein junger Russe mit einer Zeichnung, er reicht sie der Frau des Unteroffiziers. Sie wird rot, legt das Blatt unter die Serviette.

Um den Fuß des Christbaums steht ein kleiner, grüner Zaun, davor das neue Puppenbett, eine Puppe mit Hütchen sitzt am Fußende, eine Babypuppe am Kopfende. Da ist ein kleiner Wäscheschrank, verschließbar. Der Schlüssel ist weg, wird gesucht, findet sich im Täschchen eines Kindes. Die kleine Schwester auf den Knien um den Christbaum rutschend mit wütendem Geschrei: „Der Schlüssel bleibt stecken und der Schlüssel bleibt stecken!" Es wird gelacht, das Streitobjekt wandert zurück ins Schlüsselloch. Frauen in weißen Schürzen schneiden Christstollen auf, bringen schwarzen Tee mit Rum, für die Kinder Kakao. Jemand sagt: „Hoffentlich ist es die letzte Kriegsweihnacht."

Ein Fenster schlägt krachend zu – sie schrickt aus ihren Träumen auf. Starker Wind ist aufgekommen und faucht um das Haus. Noch etwas benommen geht sie ins Bad, lässt kaltes Wasser über ihre Hände fließen und betupft sich das Gesicht. Erfrischt setzt sie sich nach einer Weile wieder an den Schreibtisch. Zum Schlafen ist es noch zu zeitig, alles will sie lesen, was das Mädchen über die Nachkriegszeit zu berichten hat.

19. Januar 1949

Liebe Ingelore! Bei uns hier ist es bitter kalt, der Schnee liegt einen Meter hoch, der Mühlgraben ist ganz zugefroren. Die Jungen aus meiner Klasse, die Schlittschuhkufen haben, holen sie nach der Schule aus dem Ranzen und binden sie mit Lederriemen an ihre Schuhe. Es muss schön sein, so auf dem Eis zu gleiten. Der Hausmeister in der oberen Schule schafft es nicht mehr, das ganze Gebäude zu heizen, deshalb haben wir jetzt in der Buntweberei Unterricht. Der Krach, den die Webstühle in den anderen Sälen machen, stört Fräulein Hilsch. Sie hat keine laute Stimme und ist nach ein paar Stunden heiser. Ich bin an den Lärm der Maschinen gewöhnt, wir wohnen so nahe an der Fabrik, dass er immer zu hören ist, besonders in der Nacht. Mein Schulweg ist nun viel kürzer, was gut ist bei dieser Kälte.

In der großen Pause bekommt jetzt jeder Schüler dreimal in der Woche einen Viertelliter Milch und eine weiße Semmel. Die Mädchen haben Tassen mit, die meisten Jungen einen Henkeltopf aus Blech, der nicht kaputtgehen kann beim Raufen.

Zweimal in der Woche haben wir Singen. Großmutter wundert sich über die vielen Volkslieder, die ich ihr vorsinge. Sie kann nur noch zwei Lieder aus ihrer Schulzeit; das eine fängt so an: ‚Zu Mantua in Banden man den Andreas schlug …', damit ist der Tiroler Held Andreas Hofer gemeint, sagt sie. Das andere Lied geht so: ‚Gott erhalte, Gott beschütze, unsern Kaiser, unser Land, und mit seines Glaubens Stütze führ er uns mit weiser Hand …' Dieses Lied hat dieselbe Melodie wie das Deutschlandlied, das jetzt verboten ist, aber Großmutter schert sich nicht darum und singt es trotzdem. Als sie zur Schule ging, sagt sie, hing das Bild vom Kaiser Franz Josef im Klassenzimmer, bei uns war vorn an der Wand in der ersten bis dritten Klasse ein großes Hitlerbild, das weißt du ja. Wenn wir das Deutschlandlied sangen, alle drei Strophen, mussten wir die ganze Zeit den rechten Arm ausgestreckt halten und hinsehen. Der Hitler hatte eine schiefe Frisur. Weißt du noch, wie der Herr Oberlehrer mit mir geschimpft hat, weil ich den Arm mit der linken Hand abgestützt hatte? Noch peinlicher war es mir, als er mich aufs Pult hob um zu erklären, wie lang ein Meter ist. Da habe ich mich furchtbar geschämt und hätte fast geweint. Du hattest Glück, du warst in der ersten Klasse schon etwas größer als ich.

2. Februar 1949
Gestern hat mich Angela zur Ballettstunde mitgenommen. Im Rathauskeller gibt es einen Raum mit einer Eisenstange an der Wand, daran halten sich die Mädchen bei den Übungen fest, wenn die Ballettmeisterin kommandiert. Sie heißt Frau Bellner und ist schon ältlich, aber sehr freundlich; sie hat mich sogar kostenlos ein bisschen mitmachen lassen. Ich habe die französischen Wörter nicht verstanden und es einfach den anderen nachgemacht. Am Ende der Stunde hat sie zu mir gesagt, dass ich mich nicht ungeschickt anstelle. Ich möchte ja so gern regelmäßig hingehen, aber es kostet zehn Mark im Monat und so viel Geld habe ich nicht. Frau Bellner hat uns einen Spitzentanz vorgeführt, das war wunderbar. So möchte ich tanzen können!
Heute war der Fotograf in der Fabrik, um ein Klassenbild zu machen. Die Schulbänke wurden bis auf zwei Reihen weggeräumt. Auf die hintere Reihe mussten sich die kleinsten Jungen und Mädchen stellen, unter denen natürlich ich war, vor uns standen die größten, auf der Bankreihe davor saßen die mittelgroßen, die übrigen Kinder sollten ganz vorn knien und das Schild halten, auf dem B7 steht. Doris machte sich gleich an Horst heran und Jürgen an Regina, damit sie auf dem Foto nebeneinander zu sehen wären, aber Horst war es peinlich, er drehte sich weg. Ich hatte mir extra einen Gürtel aus hellblauem Garn gehäkelt, den ich vorn binden kann. Weißt du, ich habe es satt, immer noch im Hänger-Kleid herumzulaufen, bloß weil es noch passt. Mein Haar ist jetzt so lang, dass ich die Spitzen unten eindrehen kann. Vor dem Fotografieren mussten wir uns alle noch einmal kämmen, keiner von den Jungen hatte einen Kamm mit, da gab es viel zu lachen.

Fräulein Hilsch und der Fotograf wurden ungeduldig, weil wir eine ganze Stunde verplemperten mit den Vorbereitungen.

9. Februar 1949
Gestern hat mich Vater in ein richtiges Theaterstück mitgenommen. Es hieß ‚Maria Stuart' und wurde im Karli-Haus aufgeführt als Gastspiel vom Stadttheater. Wir saßen in der Mitte des Saales, ich konnte nicht alles sehen wegen der großen Leute vor mir, aber es war trotzdem wunderbar. Als die Königin von Schottland in ihrem schönen Kleid mit dem großen, gestärkten Spitzenkragen zum Schafott ging, hätte ich beinahe geweint, obwohl ich wusste, dass sie nicht wirklich geköpft wird. Maria Stuart hat sich mit ihrer Schwester um den Thron von England gestritten und wurde dafür hingerichtet. Die Schauspieler sprachen laut und deutlich, aber ein bisschen altmodisch. Am Ende verbeugten sie sich, und die Leute klatschten lange. Der Saal war so voll, dass manche nur einen Stehplatz ergattert hatten. Weil es mir so gut gefallen hat, will mich Vater wieder mitnehmen, wenn es das nächste Mal eine Vorstellung vom Theaterring gibt.

26. Februar
Der Aufsatz, den wir heute schreiben mussten, ist mir nicht gelungen. Ich mochte auch das Thema nicht, es hieß ‚Ein Verkehrsunfall'. Außerdem hatte ich noch keinen gesehen, also habe ich mir ein kleines Mädchen ausgedacht, das beinahe unter ein Motorrad gerannt wäre, wenn der Fahrer nicht aufgepasst hätte. Beim Ausweichen stürzt der Mann auf der Straße um und wird von einem schnellen Auto überfahren. Fräulein Hilsch wird es nicht gefallen, dass es in meinem Aufsatz so ungerecht zugeht, aber etwas anderes fiel mir nicht ein.
Seit Anfang der siebenten Klasse haben wir auch Englisch bei ihr. Sie denkt, ich bin ein Sprachtalent, weil es mir leicht fällt. Es ist wirklich leichter als Russisch bei Herrn Grube. Turnen gefällt mir besser bei ihm. Wir gehen dazu in die niedere Schule, dort ist die

Turnhalle geheizt. *Gestern sind wir mit dem Trampolin übers Pferd gesprungen, das hat allen großen Spaß gemacht. Ich war die Zweitbeste, weil ich das Pferd nur ein einziges Mal berührt habe. Volleyball spiele ich nicht besonders gern, weil man da so angerempelt wird.*

Abends musste ich mir Willis neue Gemälde ansehen. Er hat Wasser- und Ölfarben organisiert und malt Berge und Landschaften auf Bestellung. Auf manchen Bildern sind Frauen in Badeanzügen zu sehen, die sich an einem See räkeln. Wenn Besuch kommt und Willi seine Kunstwerke vorführt, nimmt er die Badeanzüge ab, die er bloß angeklebt hat. Darunter sind die Frauen nackt. Großmutter findet die Bilder unanständig. Sie kann es auch nicht leiden, wenn Gretel und Willi sich vor allen Leuten abküssen und nennt es ,ablecken', aber Gretel gefällt es.

9. März 1949

Mit meiner Arbeit bei Frau Mattusch ist es wahrscheinlich vorbei. Es kam so: Angela und Renate klingelten gegen drei Uhr nachmittags bei ihr an der Haustür, weil sie mich abholen und wieder mit zur Ballettstunde nehmen wollten. Ich war noch nicht ganz fertig mit Staub wischen im Wohnzimmer und sollte noch die Fenster schrubben. Da habe ich geschwindelt, ich müsste in der Schule etwas abholen. Draußen vor der Tür habe ich die Zunge herausgestreckt. Frau Mattusch hatte es durch das kleine Hausfenster gesehen, riss die Tür auf und schrie mich an: „Das hätte ich nicht von dir gedacht, dass du so schlechte Manieren hast. Diese Woche will ich dich nicht mehr sehen, du undankbares Mädel." Ich glaube, ich gehe überhaupt nicht mehr hin, soll sie ihr Geld behalten und selber saubermachen!

Frau Bellner hat mich wieder umsonst mitmachen lassen, nicht nur bei den Übungen, sondern auch bei den Tänzen. Ich soll später bezahlen, wenn mein Vater mir das Geld dazu gibt. Die Ballettmeisterin ist groß und dünn, hat vorstehende Zähne und redet berlinerisch. Wenn sie vortanzt, lächelt sie immer. Erst müs-

sen wir die Übungen an der Stange machen auf französisches Kommando, dann wird getanzt und Frau Bellner singt dazu: Taa djampam, taa djampam, taa djampampampam paa ..., wenn die Klavierspielerin (sie ist auch eine von den Schülerinnen) nicht da ist oder mittanzen soll. Bei dem Tanz ‚Petersburger Schlittenfahrt‘ müssen wir uns in zwei Dreierreihen aufstellen und abwechselnd hüpfen oder mit den Füßen auf dem Boden scharren wie kleine Pferde. Katharina hat den Strick in der Hand, der um uns geschlungen ist und tanzt den Kutscher, das ist vielleicht lustig! Manchmal verhedderten wir uns in der Leine, die Frau Bellner ‚Longsche‘ nennt. Ihr Sohn Jochen übt damit den Salto, aber es klappt noch nicht. Jochen ist auch lang und dünn, er kommt bald aus der Schule und ist der einzige Junge in der Ballettstunde. Seine kleine Schwester Gine hat meistens keine Lust und muss deswegen in der zweiten Reihe tanzen, obwohl sie es besser kann als ich. Jetzt habe ich Muskelkater, schlimmer als nach der Turnstunde, aber Tanzen ist etwas Herrliches.

Sie hebt lächelnd den Kopf. Sie kann sich noch gut an die burschikose und zugleich gütige Art der Tanzlehrerin erinnern, mit der sie den kleinen Mädchen das beibrachte, was heute Teamgeist genannt wird. Die schlanke, mittelgroße Frau mit den sehnigen langen Beinen muss damals erst Anfang vierzig gewesen sein, obwohl sie den Schülerinnen schon recht alt vorkam, aber sie wurde von ihnen bewundert, wenn sie Schrittfolgen mit einer Leichtigkeit vormachte, die sie selbst mit großer Anstrengung nicht zustande brachten. Frau Bellner hatte es im Krieg von Berlin in das ostsächsische Dorf verschlagen, wo ihr Mann Arbeit in der Textilfabrik fand und sie den Lebensunterhalt der Familie durch Ballettstunden aufbesserte. Bei den einfachen Dorfleuten galt sie als preußisch, schon wegen ihrer berlinerischen Redeweise. Die Frauen der Geschäftsleute, der ehemaligen Fabrikanten oder Rechtsanwälte schätzten sie, weil sie den kleinen Töchtern graziöse Bewegungen und einen schönen, aufrechten Gang beibrachte. Aus dem zerbombten Haus in Berlin hatte sie ein paar Möbelstücke und einen kleinen Fundus von Kostümen und Spitzentanzschuhen gerettet, die sie sorgsam hütete und nur zu öffentlichen Aufführungen auslieh. Disziplin war ihr Lieblingswort bei den Übungen und wohl auch das Wichtigste neben Ausdauer und Geduld, was sie den Mädchen beibrachte. Für die Tänze wählte sie fast ausschließlich klassische Musikstücke aus, und den Kindern gefiel es, sich dazu zu bewegen, was sicherlich zur musischen Geschmacksbildung der kleinen Tänzerinnen beitrug. Wenn Frau Bellner auf ihr Honorar oft lange warten musste und gelegentlich ganz darauf verzichtete bei einer der ärmeren Schülerinnen, wurde es ihr durch vermehrte Anstrengung bei den Übungen und Aufführungen gedankt. Es war die Verbindung von Strenge und Güte, mit der sie die Herzen der Kinder eroberte.

Warum war sie später nie auf die Idee gekommen, die Tanzlehrerin zu besuchen, der sie so viel verdankte? Die letzte Begegnung mit ihr war rein zufällig gewesen, aber sie hatte ihr wenigstens noch sagen können, wie gern sie sich an die Zeit bei ihr erinnert und wie viel sie fürs Leben von ihr gelernt hat.

Nun ist sie gespannt, ob das Kind noch mehr davon berichtet.

25. März 1949
Liebe Ingelore! Manchmal vergesse ich ganz, dass ich an dich schreibe, dann kritzle ich alles nur so hin. Du bist schon so lange entfernt von mir, und ich weiß nicht einmal, wie du jetzt aussiehst. Wenn ich doch wenigstens ein Foto von dir hätte!
Das Klassenfoto ist gut geworden, aber ich strecke ein bisschen den Bauch heraus, das ärgert mich. Horst lehnt sich an Lothar an, weil er sich neben Doris schämt. Fräulein Hilsch sieht jünger aus als in Wirklichkeit in ihrer bunten Strickjacke und den langen Stiefeln. Das Foto kostet eine Mark und fünfzig Pfennig, man-

chen Kindern ist das zu teuer, aber ich habe noch etwas Geld von
Frau Mattusch.
Ich musste schon wieder einen Aufsatz abliefern, diesmal über ein
Lieblingstier. Was sich Fräulein Hilsch bloß denkt! Bei uns gibt es
doch kein Tier. Unser Hund Treff ist tot, Katzen haben wir auch
keine mehr, ganz zu schweigen von Pferden und anderen großen
Tieren. Mir blieb wieder nichts anderes übrig, als zu schwindeln
und ein Tier zu erfinden, das ich zu meinem zwölften Geburtstag
geschenkt bekam (schön wär's!). Es ist ein kleines, weißes Angora-
kaninchen mit rubinroten Augen, das erst ganz scheu und ängst-
lich war, dann aber zutraulich wurde, als ich es mit Leckerbissen
wie Löwenzahn fütterte. Ich nannte es Butzi, nahm es auf den
Schoß und bewunderte sein weiches Fell. Eines Tages war es ver-
schwunden, weil ich die Tür seines Ställchens nicht richtig ver-
schlossen hatte. Lissi und ich suchten es viele Stunden, fanden es
aber nicht. Am Nachmittag saß es plötzlich wieder im Blumen-
beet und ließ es sich schmecken. Als es uns erblickte, kam es zu uns
gehoppelt, aber es sträubte sich gegen das Einsperren. Das war
seine einzige Entdeckungsreise.
Ob Fräulein Hilsch das alles glaubt, weiß ich nicht. Jedenfalls ist
der Aufsatz ziemlich lang geworden, damit wird sie jedenfalls
zufrieden sein. Sie geht allen Klassenkameraden langsam auf die
Nerven mit den vielen Aufsätzen. Musst du auch manchmal in
Schulaufsätzen schwindeln? Es grüßt dich deine Freundin Hela.

16. April 1949
Vater und ich haben Muttis Grab bepflanzt, weil bald ihr Todestag
ist. Dann sind wir den langen Weg bis zur Grenze gelaufen und
haben uns den Bretterzaun angesehen, hinter dem Nordböhmen
liegt. Eigentlich ist gar kein Unterschied in der Landschaft vor und
hinter dem Zaun. Dieselben Berge sind von beiden Seiten zu sehen.
Bei Tante Annel haben wir Saft getrunken und Kuchen gegessen,
das hat geschmeckt! Außerdem hat sie mir zehn Mark zugesteckt,
davon kann ich einen Monat bei Frau Bellner bezahlen. Meine

Cousine Annelies durfte das nicht wissen, sie strickte gerade ein schwieriges Muster für einen Pullover. Die Dorfleute haben ihr die Wolle gebracht, und wenn der Pullover fertig ist, bekommt sie Lebensmittel dafür. Tante Annel ist fast immer fröhlich, es ist richtig ansteckend, wie sie lacht, so hoch und hell, sogar Vater muss dann lächeln. Eigentlich hat sie gar nichts zu lachen, meinte er auf dem Heimweg, denn früher war sie die Wirtin vom Gasthaus ,Morgensonne' und jetzt ist sie Arbeiterin in einer Näherei, aber sie hat eben so ein Gemüt.

20. April

Nach den Osterferien konnte ich mir nun endlich wieder ein paar Bücher aus der Gemeindebücherei holen. Gundel ist nämlich nur mittwochs und freitags in der Ausleihe. Aus einem Buch voller Sprüche habe ich mir gleich dort einige abgeschrieben, die ins Poesiealbum passen, wie zum Beispiel:
Kopf ohne Herz macht böses Blut. Herz ohne Kopf tut auch nicht gut. Wo Glück und Segen soll gedeih'n, muss Kopf und Herz beisammen sein. (Bodenstedt)
Dir, Ingelore, würde ich meinen Lieblingsspruch ins Poesiealbum schreiben:
Kommt dir ein Schmerz, so halte still und frage, was er von dir will. Die ew'ge Liebe schickt dir keinen bloß darum, dass du mögest weinen. (Geibel)
In der Bücherei gibt es auch ein interessantes Buch mit einer Liste über die höchsten Berge der Erde. Ich habe immer den Dachstein für den allerhöchsten Berg gehalten, eben für das Dach der Welt, er ist 2995 Meter hoch. Es gibt aber viele, die höher sind, der höchste ist der Mount Everest im Himalaya-Gebirge mit 8840 Metern.
Zum Glück fand Gundel auch ein Buch über Ostern. Fräulein Hilsch hat sich nämlich schon wieder ein Aufsatzthema ausgedacht: Ostergedanken. In der Deutschstunde hat sie mit uns über Osterbräuche gesprochen. Vor dem Sonnenaufgang muss das Os-

terwasser geschöpft werden, und zwar aus einer Quelle, die nach Osten fließt. Die Mädchen sollen davon schön werden, wenn sie beim Wasser holen nicht sprechen. Hier in der Gegend gibt es auch das Osterreiten. Die Bauern reiten im schwarzen Anzug und mit Zylinder auf dem Kopf um ihre Äcker, um Fruchtbarkeit für die Saaten zu erbitten. Die Pferde werden vorher mit Federbüschen und Blumen geschmückt. Gibt es das bei euch auch? In dem Aufsatz habe ich außerdem etwas über Birken mit kleinen grünen Blättern und über jubilierende Vögel geschrieben, die den Frühling begrüßen, das wird wohl genügen.

11. Mai 1949

Heute haben wir die Osteraufsätze zurückbekommen. In Rechtschreibung habe ich eine Zweiminus, weil ich ‚sinnbildlich‘ bloß mit einem ‚n‘ geschrieben und zwei Wörter ganz vergessen hatte, in Form habe ich noch eine Zwei, obwohl ich mich ein paar Mal verschrieben hatte, in Ausdruck eine Einsminus, da war Fräulein Hilsch nicht so streng. Morgen müssen wir alle die Verbesserung abgeben, trotzdem muss ich dir heute einen Brief schreiben.

Großmutter geht abends gern in die Maiandacht und freut sich, wenn ich sie begleite. Ich gehe aber bloß wegen Ingobert mit, der Ministrant ist. Ich glaube, ich bin ein bisschen in seine großen blauen Augen verliebt. Auf dem Heimweg trödle ich immer herum, damit er uns überholt. Jedes Mal, wenn es regnet, sagt Großmutter „Mairegen bringt Segen.“ Sie will mir einreden, dass auch Kinder wachsen, wenn sie vom Mairegen berieselt werden. Das ist Aberglaube, sonst wäre ich schon größer. Ingobert ist genauso groß wie ich und hat auch keine Mutti mehr. Sein Vater ist Witwer wie meiner, will aber bald eine andere Frau heiraten. Ingobert sagt, ihm ist das egal.

Wenn mein Vater eine Frau hätte, würde er mit ihr ins Theater gehen und nicht mehr mit mir. Vor ein paar Tagen waren wir in der Oper ‚Butterfly‘. Die Melodie des Liedes ‚Mädchen, in deinen Augen liegt ein Zauber‘, geht mir nicht aus dem Kopf. Der Mari-

neoffizier singt es am Anfang für die schöne Japanerin, und dann lässt er sie mit dem Kind sitzen, weil er in Europa schon eine Frau hat. Als die beiden auch noch das Kind abholen, ersticht sich die junge Japanerin vor Kummer. Die Geschichte ist mir ziemlich zu Herzen gegangen und auch die Musik. Wenn ich abends am Fenster stehe, summe ich die Melodie ganz leise und träume so vor mich hin. Die Sängerinnen hatten seidene Kleider mit sehr weiten Ärmeln an und eine Art Kissen auf dem Rücken; nur die Frau des Offiziers trug ein helles Kostüm und einen riesigen Hut. Diesmal habe ich alles gut gesehen, weil ich einen Randplatz hatte und manchmal aufstehen konnte. Warst du schon mal in einer Oper, Ingelore?

Wieder lächelt sie über den Bericht des Kindes von jenem ersten Opernbesuch, den es dem Vater zu verdanken hatte. Waren aber spätere Aufführungen auf größeren Bühnen mit berühmteren Sängern jemals von gleicher Wirkung auf die Seele gewesen? Vielleicht ist der erste Zugang zur Welt der Kunst stets der faszinierendste. Sie entsinnt sich dunkel, dass während der Oberschulzeit die Theaterbesuche in der zwanzig Kilometer entfernten Stadt durch Zugverspätungen mitunter ziemlich beschwerlich waren. Später im Studium wurden sie zu häufig wiederkehrenden Erlebnissen, zumeist in Begleitung eines ehemaligen Schulfreundes, der sich auf Grund seiner bürgerlichen Herkunft in der Welt, die sie sich erst eroberte, bereits besser auskannte und ihr auch das erste Opernbuch schenkte

Gleich im ersten Semester hatte sie sich dem Ensemble Hallenser Studenten angeschlossen, das aus einem großen Chor, einem Orchester und einer Tanzgruppe bestand, deren Leitung in professionellen Händen lag und um hohe Qualität bemüht war. Zweimal wöchentlich wurde hart geübt, bevor das lustige Völkchen per Bus ins Umland und einmal sogar nach Osnabrück, Bremen und Hamburg fuhr, um dort zu singen, zu musizieren und zu tanzen, den Zuschauern und sich selbst zur Freude. Während jener Zeit wurden kurzlebige Bindungen aber auch Freundschaften fürs Leben geknüpft, in den Sommerwochen während der Chorlager an der Ostsee wurde in den Zelten und bei nächtlichen Strandwanderungen viel geredet und gelacht, Gruppen Gleichgesinnter konnten mitunter bis zum Morgengrauen kein Ende finden, waren aber tagsüber mit Eifer bei den Proben. Nackt zu schwimmen und in der Sonne zu baden war für die jungen, meist gut gewachsenen Menschen kein Problem, solange sie sich unbeobachtet fühlten an dem Stück Strand, das sie sozusagen in Besitz genommen hatten.

Fröhlich war es zugegangen bei den Aufführungen des Ensembles und den gemeinsamen Feten hinterher. Einmal hatte sie mitten auf der Bühne den weißen Spitzenunterrock ihres Tanzkostüms verloren und ihn zum Gaudi der anderen Tänzer und des Publikums mit dem Fuß in die Kulissen geschleudert. Der Vorfall hatte noch den ganzen Abend für Witzelei und Gelächter gesorgt.

Nach einer Sommerfahrt über die westliche Grenze – die Mauer existierte noch nicht – war ein Brief aus München für sie gekommen mit dem Angebot, sie könne an der dortigen Universität ihr Studium fortsetzen, die finanzielle Seite sei völlig abgesichert. Vermutlich hatte man bei der Grenzkontrolle aus ihrem Geburtsort ersehen, dass sie zu den Vertriebenen gehörte und ihr deshalb einen kostenlosen Studienplatz in Aussicht gestellt. Sie musste nicht lange überlegen; die Freunde, die Familie, die vertraute Umgebung und die Stadt an der Saale zu verlassen, schien ihr damals unmöglich. Die unbeschwert übermütige Zeit hatte ein jähes Ende genommen durch die erste Schwangerschaft, die überstürzte Heirat und das verzögerte Abschlussexamen. Bei einem konservativen Professor, der sie als eine seiner besten Studentinnen angesehen hatte, war sie in Ungnade gefallen, die hochbetagte mütterliche Frau, bei der sie zur Untermiete gewohnt hatte, war verstorben, die bigotte neue Wirtin betrachtete ihren Zustand mit scheelen Augen, die Schwiegermutter verhielt sich ihr gegenüber argwöhnisch und drängte ihren Sohn, sich zu vergewissern, ob das werdende Kind wirklich von ihm sei. Dass sie vor allem aus Pflichtgefühl geheiratet worden war, begriff sie erst später – vielleicht hatte sie es auch geahnt, aber nicht wahrhaben wollen.

Nach dem Berufseinstieg in einem thüringischen Städtchen hatte sie den Gedankenaustausch im großen Freundeskreis und die kulturelle Vielfalt der Universitätsstadt sehr vermisst. Sie war nicht recht heimisch geworden unter den knapp dreitausend Leuten, denen nichts verborgen blieb, sei es nun, wenn sie ein Kleidungsstück kaufte oder auch nur die kleine Tochter auf der Straße zurechtwies. Das Lehrerkollegium mit seinen festgefahrenen Gewohnheiten machte es ihr nicht leicht, berufliche und familiäre Pflichten unter einen Hut zu bringen; Schließungszeiten des Kindergartens oder gar Krankheit von Kleinkindern waren bis zu ihrem Eintreffen kein Thema an der Schule gewesen. Als sie sich im Rahmen eines angeordneten Frauenkommuniqués zusammen mit den beiden unverheirateten Kolleginnen dagegen verwahrte, dass im Lehrerzimmer über die äußere Erscheinung und den Körperbau von Schülerinnen gespottet wurde, warf man ihnen eine kleinbürgerliche Einstellung vor. Entsprechende Berichte an den Rat des Kreises blieben ohne nennenswertes Nachspiel, verstärkten aber den Zusammenhalt zwischen ihr und den beiden anderen Frauen. Von der älteren, sehr belesenen Kollegin wurde ihr Vertrauen und Freundschaft entgegengebracht, mit der jüngeren machte sie sich oft über die Engstirnigkeit und Borniertheit mancher Kleinstädter lustig. Mit den Schülern kam sie im allgemeinen gut zurecht, gerade auch mit der Sonderklasse der ,Schwererziehbaren', die aus verschiedenen Orten zusammengewürfelt worden waren, um im Internat mit Hilfe der älteren Schüler erzogen zu werden.

Eins dieser so genannten schwierigen Dorfmädchen war bei der Zeugnisvergabe plötzlich aus der Bank gesprungen und ihr um den Hals gefallen aus Freude darüber, dass es trotz aller Befürchtungen versetzt wurde und an der Schule verbleiben durfte. Es war die kleine Dunkelhaarige mit der Stupsnase gewesen, die den Jungen für fünfzig Pfennig ihren nackten Podex gezeigt hatte, vielleicht auch mehr, und deshalb von der Schule verwiesen werden sollte. Im Pädagogischen Rat hatte sie sich für den Verbleib des Mädchens im Internat eingesetzt.

Schmunzelnd erinnert sie sich auch an Aufsätze aus dieser Klasse; da war von Goethes ,Beseitigung des Vesuv' oder von den ,Krahnen des Ibykus' eines Friedrich Schiller die Rede, offenbar geläufigeren Begriffen als die der Kraniche oder der Besteigung eines Vulkans. Von ,Kabale und Liebe' waren jene Schüler so begeistert gewesen, dass sie die letzte Szene unbedingt nachspielen wollten. Der Darsteller des Ferdinand, der in der Laienspielgruppe der örtlichen Feuerwehr mitwirkte, spendierte dazu eine Flasche roter Limonade und trank sie hörbar aus.

Wenn sie die zwölfte Klasse betrat – damals mussten die Schüler noch aufstehen – bauten sich die großgewachsenen Jungen wie ein Wald vor der zierlichen, knapp fünf Jahre älteren Lehrerin auf. Wenn sie über die schlechte Luft im Klassenzimmer klagte, begossen sie sich zur nächsten Stunde mit Kölnischwasser, dass es ihr fast den Atem nahm und setzten bei ihrem Erscheinen erwartungsvolle Mienen auf. Während des Nachtdienstes im Internat, zu dem sie ab und zu eingeteilt wurde, kam es ihr ziemlich komisch vor, darauf zu achten zu müssen, ob alle der vierzehn- bis achtzehnjährigen Schüler in den Betten lagen.

Wie hatte sie vor Aufregung gezittert, als sie zum ersten Mal die Rede bei der Abiturfeier halten musste. Sie weiß nicht mehr, was sie damals sagte, es hatte wohl etwas mit Dank und Zuversicht zu tun; jedenfalls hörten die festlich gekleideten jungen Menschen und ihre Eltern gerührt zu. Angenehmer war der Ball am Abend gewesen und die Möglichkeit, endlich wieder einmal zu tanzen, wenn auch nur zu altmodischer Schlagermusik. Einer der Abiturienten war ein bisschen verliebt in sie gewesen und hatte, was heute wohl undenkbar wäre, seine Mutter gebeten, die Lehrerin zu fragen, ob sie mit ihm tanzen würde. Das war in ihrem achten und letzten Jahr an der Internatsschule gewesen. Als sie dreißig wurde, brachte ihr der Schulchor ein Ständchen. Bald danach verließ sie Thüringen, um an ihrer alten Universität Studenten zu unterrichten, wissenschaftlich zu arbeiten und wieder an einem kulturellen Leben teilzunehmen, nach dem sie lange gedarbt hatte.

Ihr Blick fällt auf die abgegriffenen Schulhefte, die noch vor ihr liegen. Die Zeit, sie zu lesen, wird nicht reichen, wenn sie weiter ihren Gedanken nachhängt; sie wird wieder eintauchen müssen in die weit zurückliegende Welt jenes Kindes.

25. Mai 1949
Heute musste ich zur zweiten Pockenschutzimpfung und darf ein paar Tage keinen Sport treiben, schade. Ich übe nämlich sonst jeden Tag Spagat, Radschlagen und Handstand auf Frau Hermanns Wiese. Sie hat nichts dagegen, weil das Gras gerade abgemäht worden ist. Den Überschlag vorwärts kann ich schon gut, aber rückwärts klappt es noch nicht, und beim Handstand kippe ich oft um. Es macht Spaß, aus der Haustür heraus über den Weg zu rennen und mit Anlauf im Spagat auf dem Gras zu landen. Im Ballettraum ist zu wenig Platz und der Boden ist hart und staubig. Ich glaube, Frau Bellner kann mich gut leiden. Vorige Woche hat sie zu mir gesagt, wenn ich so weitermache, kann ich bald an Gines Stelle die Puppe in der ‚Spieluhr' tanzen. Darüber

habe ich mich gefreut, aber auch gewundert, denn Gine ist doch Frau Bellners Tochter. Na ja! Jetzt muss ich sowieso auf der Bank sitzen und kann nur zuschauen, wie die anderen tanzen.

30. Mai

Als ich heute aus der Schule kam, hörte ich laute Stimmen im Hausflur. Zwei Bibelforscherinnen redeten auf Frau Hermann und Großmutter ein und ließen sich nicht abwimmeln. Sie behaupteten, bald würde die Welt untergehen, aber die Zeugen Jehovas würden verschont bleiben und alle, die sich bekehren lassen. Frau Hermann sagte immer wieder, dass sie christlich sei und es ihr reiche. Großmutter murmelte, sie habe schon zwei Weltkriege durchgemacht, schlimmer könne der Weltuntergang nicht sein. Es half nichts, die beiden Frauen redeten immer weiter. Weißt du, was ich da gemacht habe? Ich ging ein paar Stufen auf der Treppe hoch, hielt mich mit den Händen am Querbalken fest und schaukelte mit den Beinen über den Köpfen der Bibelforscherinnen. Da wurden sie ärgerlich und hauten endlich ab. Frau Hermann sagte, dauernd prophezeien sie den Weltuntergang und nie stimmt es. Voriges Jahr haben sich alle, die daran glaubten, am 31. Mai auf einem Berg außerhalb des Dorfes versammelt und die ganze Nacht umsonst darauf gewartet, dass sie gerettet werden.

17. Juni 1949

Tantmarie hat uns Reisemarken geschickt, dafür können wir zwei Dreipfundbrote zusätzlich kaufen. Zu Mittag gibt es manchmal Kartoffeln und Kohlrabi oder Sauerkraut. Gemüse kann man jetzt frei kaufen. Für Vater hat Tantmarie ein altes Foto geschickt., auf dem er mit dem Pferd zu sehen ist, das er zu seinem 18. Geburtstag geschenkt bekam. Das waren andere Zeiten, sagte er und steckte das Foto schnell weg. Meine Schwester und ich bekamen jede einen Fünfmarkschein zum Geburtstag; Lissi nachträglich und ich im Voraus, aber ich werde ihn schon vorher ausgeben müssen für die Ballettstunden.

Aus einem Stückchen weißes Leinen und zwei Einlegesohlen wollte ich mir Tanzschuhe machen. Leider ist der rechte Schuh nicht so gelungen wie der linke und ich muss weiter in Söckchen tanzen. Im Herbst sollen wir in einer Kulturveranstaltung auftreten und ich darf mitmachen, aber bis jetzt weiß ich noch nicht, wo ich ein Ballettröckchen hernehme. Es hat gar keinen Zweck, Großmutter zu fragen, solche ‚Sperenzchen' mag sie nicht. Außerdem haben wir keinen dünnen, weißen Stoff, und wenn wir welchen hätten, würde uns die alte Frau, die unsere Kleider angestückelt hat, bestimmt etwas ‚Nützlicheres' daraus machen. Vielleicht borgt mir Angela ihr weißes Stufenröckchen für die ‚Petersburger Schlittenfahrt', weil sie die nicht mit tanzt.

5. Juli 1949

Gestern Abend zuckten die Blitze und krachte der Donner so sehr, dass ich an die schrecklichen Gewitter denken musste, die am Kalkberg hängen blieben und manchmal die ganze Nacht dauerten. Lissi und ich saßen dann angezogen mit Mutti auf dem Bett und hielten uns an den Händen. Weißt du noch, wie eine der beiden Linden vor unserem Wohnhaus nach so einem Gewitter aussah? Ein Blitz hatte sie in der Mitte gespalten und sie musste gefällt werden. Einmal, als ich noch sehr klein war, stand ich auf Großmutters Küchenbank und sah den Regen auf den Hof prasseln. Plötzlich fielen Dachziegeln herunter und Großmutter schrie: „Jesusmaria, jetzt hat's eingeschlagen!" Sie rannte die Treppe hoch, um nachzusehen, ob dem Stiefgroßvater etwas passiert war, der oben altersschwach im Bett lag, aber der Blitz hatte nur einen großen braunen Fleck auf der Diele neben der Treppe eingebrannt. Wir Kinder trauten uns lange nicht, darauf zu treten, wenn wir spielten. Du hast auch immer einen Bogen um ihn gemacht, Ingelore. Erinnerst du dich noch daran, dass wir beide, als wieder einmal ein Gewitter losging, den Arbeitsleuten auf dem Feld sagen sollten, die Vesper ist ausnahmsweise im Steinhaus bei Großmutter und nicht in Vaters Wohnhaus? Mutti wollte es so, weil sie *eine Vorahnung hatte. Tatsächlich fuhr dann ein Kugelblitz in der leeren Wohnstube an den Wänden entlang und zum Fenster wieder hinaus. Mutti hatte öfter solche Vorahnungen und wusste dann schon vorher, was passieren würde.*

Hier sind die Berge niedriger, und es donnert meistens nicht so lange. Ich bin gespannt, ob wir beim Schulausflug wieder von einem Gewitter überrascht werden wie voriges Jahr. Die Jungen in unserer Klasse tun immer so, als hätten sie keine Angst, und spotten über uns ‚feige Weiber‘, aber wenn es blitzt und kracht, bleiben sie nahe bei uns und reden mehr mit Fräulein Hilsch als sonst. Ingobert gibt nicht so an wie die anderen. Er hat schöne blaue Augen und ich glaube, er ist verliebt in mich. Drücke mit mir die Daumen, dass wir den Ausflug zusammen mit der Parallelklasse machen. Wenn du auch verliebt bist, weißt du ja, wie das ist.

13. Juli 1949

Liebe Ingelore! Du konntest mir ja nicht den Daumen halten, du hast meinen Brief nicht gelesen. Fräulein Hilsch hat also den Ausflug zum Schuljahresabschluss nur mit unserer Klasse gemacht, aber es gab wenigstens keinen Regen. Die meisten Mädchen hatten wie ich selbstgestrickte, weiße Kniestrümpfe und bunte Strickjacken an, Fräulein Hilsch hatte einen Staubmantel über ihrem Sommerkleid. Doris hat uns mit dem Fotoapparat von ihrer Mutti alle vor einem Felsen fotografiert. Dann machte Fräulein Hilsch noch ein Foto von Doris mit ihren Freundinnen Isa, Kathi, Gundel, Angela und mir. Auf beiden Fotos bin ich die Kleinste und reiche Gundel und Doris bloß bis ans Kinn. Zum Glück ist Angela nur ein ganz kleines Stück größer als ich. Es ärgert mich, dass ich nicht so schnell wachse wie die anderen. Fräulein Hilsch meint, ich hätte schon richtige Ballettbeine, aber das ist auch kein Trost für deine zu kleine Heli.

Sie erinnert sich gut an die alte Lehrerin, deren Verbindung mit den Schülern der Nachkriegszeit nie abbrach. Bereits von einer schweren Krankheit gezeichnet hatte sie noch in den 90er Jahren an einem Klassentreffen teilgenommen und still gelächelt, als jemand ihr zu Ehren eine kleine Rede hielt. Das Interesse der zierlichen Frau mit der Löckchenfrisur und der sanften Stimme am Werdegang und an den Lebensumständen ihrer ehemaligen Zöglinge hatte nie nachgelassen. Schließlich waren es jene Mädchen und Jungen gewesen, die oft hungrig und schlecht gekleidet in ihrer ersten Klasse nach dem Krieg saßen, die bis zum Schulabschluss mit ihr auf die Heimkehr ihres Verlobten warteten und sich später mit ihr freuten, als sie ihn endlich heiraten und eine Familie gründen konnten. Nachrichten und Grüße waren ausgetauscht worden, einige ihrer ehemaligen Schüler hatten sie regelmäßig besucht, und aller fünf Jahre hatte es ein Wiedersehen auch mit denjenigen gegeben, die von weither angereist kamen. Kein Wunder, dass sie bereits in den Briefen des Mädchens oft erwähnt wird.

Nachdenklich beugt sie sich wieder über die verblichenen Schriftzüge.

18. Juli 1949

Ich muss dir schon wieder schreiben. Am Sonntag war ich in einer Operette, sie hieß ‚Land des Lächelns.' Vater fand das Stück kitschig, aber mir gefiel es, besonders das Liebeslied, das der chinesische Prinz für die Grafentochter Lisa sang: ‚Von Apfelblüten einen Kranz leg ich der Liebsten unters Fenster, in einer Mondnacht im April ...' weiter habe ich mir den Text leider nicht gemerkt. Lisa verliebt sich in den Chinesenprinzen und heiratet ihn sogar, obwohl sie schon einen Freund in Wien hat, der Offizier bei den Husaren ist. In China gefällt es ihr aber nicht, weil es dort so steif zugeht und der Prinz außerdem noch zwei Chinesenmädchen heiraten soll. Zum Glück schleicht sich der Freund des Offiziers in den Palast ein, bändelt mit der Schwester des Prinzen an und befreit die schöne Lisa. Das Lied, das der Offizier zusammen mit der Chinaprinzessin gesungen hat, ist ja wirklich ein bisschen kitschig:

,Meine Liebe, deine Liebe, die sind beide gleich. Jeder Mensch hat nur ein Herz und nur ein Himmelreich.

Meine Liebe, deine Liebe hat denselben Sinn. Ich liebe dich und du liebst mich und da liegt alles drin.'

Beim Singen machten die beiden ein Fingerspiel, gaben sich Nasenküsse, hüpften in die Höhe und benahmen sich kindisch. Hast du gewusst, dass die Leute in China die Nasenspitzen aneinander legen und sich nicht mit dem Mund küssen? Na ja! Da kriegen sie wenigstens keine Spucke ab, aber was ist, wenn sie Schnupfen haben?

Zum Abschied von Lisa sang der Prinz ,immer nur lächeln und immer vergnügt ...', obwohl er traurig war. Er durfte nicht zeigen, wie ihm zumute war. So ein Dauerlächeln wäre nichts für mich, und die Vielweiberei könnte ich auch nicht mitmachen, du etwa? Eigentlich hat mir ,Madame Butterfly' besser gefallen.

10. August 1949

Liebe Ingelore! Außer meinen Tanten in Westfalen hat mir niemand eine Geburtstagskarte geschrieben, du auch nicht, aber du weißt ja nicht, wo ich wohne. Ich bin an meinem Geburtstag mit dem Fahrrad zum Baden gefahren und so lange geschwommen, bis der Bademeister alle aus dem Teich trieb, weil es blitzte und donnerte. Der Regen machte hohe, spitze Blasen aufs Wasser und trommelte auf das Dach der Umkleidekabine. Ich wurde klitschnass auf dem Heimweg. Sonst gab es nichts Besonderes, außer einem Beschwerdebrief vom Gemeindeamt an Vater. Darin steht: Von der Deutschen Wirtschaftskommission und der Landesregierung werden von Sonderbeauftragten genaue Kontrollen an den Suchtagen durchgeführt, und es geht nicht an, dass derartige Aus-

fälle (damit meinten sie mich!) ohne weiteres hingenommen wer-
den. Wir bitten sie deshalb, dafür zu sorgen, dass Ihr Kind am
nächsten Suchtag , dem 12. August 1949, pünktlich 14 Uhr bei
dem bekannten Stellplatz ist. Sollte trotz unserer Aufforderung
wieder ein unentschuldigtes Fernbleiben zu verzeichnen sein, kön-
nen wir von einer Bestrafung nicht Abstand nehmen. Petzold,
Bürgermeister.
Also muss ich übermorgen auf Kartoffelkäfersuche gehen, sonst werde
ich bestraft und Vater bekommt wieder Unannehmlichkeiten. Er
hat zwar an meinem Geburtstag nicht mit mir geschimpft, aber
wenn ich noch einmal schwänze, melden sie es bestimmt dem
Schuldirektor und ich kriege eine Fünf in Betragen oder sie geben
mir keine Lebensmittelkarte mehr. Ich hoffe, bei euch geht es nicht
so streng zu wie bei deiner ausgefallenen Heli.

8. September 1949
Es ist so aufregend; nicht, weil ich jetzt in die achte Klasse gehe,
sondern weil ich die Puppe in der Spieluhr tanzen soll bei dem
Auftritt im Oktober: Vor dem Tanz stehen Jochen und ich in ei-
nem großen Uhrkasten aus Pappe und kommen heraus, wenn die
Musik anfängt. Erst bewegen wir die Hände ruckartig, dann die
Füße, schließlich tanzen wir gleichmäßig nebeneinander, bis ich
vornüber klappe. Jochen tut so, als ob er mich mit einem Schlüssel
am Rücken aufzieht, und wir tanzen weiter. Wenn wir uns aus
Spaß streiten, gibt mir Jochen eine Ohrfeige – keine richtige, er
klatscht nur in die Hände vor meinem Gesicht – ich gebe vor zu
weinen und ziehe mir mit gespreizten Fingern die Tränen aus den
Augen. Jochen muss mich um Verzeihung bitten und mich strei-
cheln. Da schenke ich ihm ein rotes Herz aus Pappe, das an einer
langen roten Schleife hängt. Wir fallen uns mit ausgestreckten
Armen um den Hals, und der Tanz ist zu Ende. Es ist schwierig,
die ganze Zeit so angespannte, eckige Bewegungen zu machen,
aber wenn ich mir vorstelle, dass ich aus Porzellan oder Zelluloid
bin, geht es ganz gut. Jochen wird manchmal in der Probe ausge-

schimpft von seiner Mutter, wenn er zu schlaksig tanzt und mit seinen langen Armen herumfuchtelt. ‚Bis zum Auftritt musst du det besser hinkriejen‘, sagt sie dann und zieht die Augenbrauen so lange hoch, bis er ‚det is janz klaar‘ sagt.

Das Puppenkostüm passt mir, ich durfte es schon anprobieren. Es hat weiße Puffärmel, ein kurzes, abstehendes Röckchen und ein Mieder aus blauem Satin. Am Saum ist weiße Spitze angenäht. Frau Bellner hat noch andere schöne Kostüme, sogar ein Kleid mit Reifrock, aber leider kein weißes Ballettröckchen. Für die ‚Petersburger Schlittenfahrt‘ bekomme ich das von Angela; sie ist für diesen Tanz nicht eingeteilt und meine zweitbeste Freundin – oder ist sie jetzt meine beste? Ingelore, du bist schon so lange so weit weg! Der Abstand zwischen uns wird immer größer. Manchmal denke ich, wir verlieren uns noch ganz.

10. Oktober 1949

Liebe Ingelore! Ich muss dir unbedingt von einem Film erzählen, den ich gesehen habe. Er heißt ‚Träumerei‘ und ist erst ab achtzehn, aber Großmutter hat mich mit in den Saal geschmuggelt, weil sie nicht allein ins Kino gehen wollte. Als die Lichter schon ausgingen, zeigte sie der Platzanweiserin die Karten, ich versteckte mich hinter ihrem Rücken, und es fiel nicht auf in dem Gedränge. ‚Träumerei‘ ist eigentlich ein Klavierstück, das Robert Schumann für seine Klavierschülerin Clara komponiert hat. Die beiden heiraten, obwohl Claras Vater dagegen ist, weil sie Pianistin werden soll. Sie bekommen eine Menge Kinder, und Clara hat natürlich wenig Zeit zum Klavierspielen. Als der berühmte Liszt sie darum bittet, gibt sie ein Konzert und spielt auch Roberts Musik. Es wird ein großer Erfolg, aber Robert Schumann wird nervenkrank und in eine Irrenanstalt gebracht. Er erkennt Clara nicht mehr, als sie ihn dort besucht. Sie reist in der Welt umher und spielt in vielen Konzerten seine Stücke, auch noch, als sie alt und klapprig und er schon lange tot ist. Am Ende des Films spielt sie noch einmal die ‚Träumerei‘, da hätte ich beinahe geweint. Am allerbesten hat mir *die Stelle gefallen, an der die Schumann-Kinder ‚Guten Abend, gute Nacht' sangen. Das Lied haben Lissi und ich oft mit unserer Mutti gesungen. Auf dem Heimweg war ich noch so verträumt, dass Großmutter mich immer zweimal fragen musste, wenn sie etwas wissen wollte.*

Abends konnte ich lange nicht einschlafen. Da hörte ich plötzlich, wie Großmutter röchelte. Ihre Krämpfe waren aber diesmal nicht so schlimm wie sonst, ich brauchte Lissi nicht zu wecken. Vielleicht war der Film zu aufregend gewesen. Wenn er bei euch im Kino läuft, musst du ihn dir ansehen! Es grüßt dich deine begeisterte Heli.

21. Oktober 1949

Seit zwei Wochen leben wir in der Deutschen Demokratischen Republik und haben sogar eine Nationalhymne, die wir in der Schule auswendig lernen mussten: ‚Auferstanden aus Ruinen und der Zukunft zugewandt, lass uns dir zum Guten dienen, Deutschland, einig Vaterland ...' usw. Das stimmt aber nicht, Deutschland ist gar nicht einig, sondern in den Osten und den Westen geteilt. Im Westen haben sie eine Bundesrepublik. Fräulein Hilsch hat gemeint, wir sollen lieber nicht so laut sagen, dass es die Leute dort besser haben. Tante Paula ist zum Beispiel jetzt zur Kur im Moorbad Pyrmont, weil sie ein Hüftleiden hat, um Großmutters Krämpfe kümmert sich hier niemand. Wenigstens haben wir jetzt DDR-Punktkarten zum Bezug von Textilien und Schuhwaren und neue Kohlenkarten mit Zusatzkarten bekommen.

Gestern hat Fräulein Hilsch einen Hausbesuch bei uns gemacht. Ich wäre am liebsten in ein Mauseloch gekrochen, so geschämt habe ich mich. Wir haben kein Sofa wie andere Leute und nicht einmal einen Sessel, nur den alten, grünen Lehnstuhl, in dem Großmutter meistens sitzt. Fräulein Hilsch saß auf dem Hocker am Fenster und redete mit Vater darüber, dass sie mich gern zur Oberschule schicken würde. Vater war ein bisschen verlegen, aber gleich damit einverstanden. Ich habe auch nichts dagegen, zur

Oberschule zu gehen, aber mir war es peinlich, dass Fräulein Hilsch mich so lobte. Als sie fort war, gab es wieder Streit. Großmutter jammerte: „Ach du meine Güte, was das kosten wird, es reicht doch schon jetzt kaum." Vater sagte zornig: „Die Lehrerin meint es gut mit meiner Tochter, ich lege ihr nichts in den Weg." Dann ging er weg und mir war ganz elend zumute. Was würde Mutti wohl dazu sagen? Ich kann sie ja leider nicht fragen.

30. Oktober 1949

Mein erster Auftritt ist vorbei. Frau Bellner ist mit der ganzen Truppe ins übernächste Dorf gefahren und hat allen das Fahrgeld ausgelegt für den Bummelzug. In einer kleinen Kammer neben der Bühne des Filmtheaters hat sie uns geschminkt und uns beim Umziehen geholfen. Zuerst haben wir die ‚Petersburger Schlittenfahrt' getanzt, dann ‚Großmütterchen' mit Frau Bellner im Reifrock, anschließend ‚Girls', einen Revuetanz, dann tanzten Margit und Katharina das ‚Largo' auf Spitze. Zum Schluss kam die ‚Spieluhr' dran. Ich hatte so schreckliches Lampenfieber, dass ich zitterte, als der Klavierspieler anfing zu spielen und der Vorhang aufging. Unten im Saal saßen viele fremde Leute, aber auch Verwandte von uns Ballettmädchen. Für meinen Vater hatte ich auch eine Karte besorgt, ich konnte ihn vor lauter Aufregung nicht sehen, obwohl ich von Angela wusste, dass er in der dritten Reihe einen Platz neben ihrer Mutter hatte. Die Bewegungen habe ich bei der Musik wie im Traum gemacht und zum Glück nichts vergessen. Alle Leute klatschten, als wir uns verbeugten, und Frau Bellner umarmte Jochen und mich in der Garderobe. Ich dachte, jetzt wird Vater stolz auf mich sein, aber der Puppentanz hat ihm nicht besonders gefallen, er findet ihn zu gekünstelt. Wer weiß, ob er mir noch Geld für die Ballettstunden gibt, ich habe schon Schulden bei Frau Bellner, traue mich aber jetzt nicht, ihn zu fragen.

2. November 1949

*Liebe Ingelore, ich glaube Ingobert ist sehr verliebt in mich. Je-
den morgen holt er mich zusammen mit seinem Freund Henner
ab. Sie warten auf der Brücke und pfeifen, bis ich aus der Gartentür komme. Auf dem Schulweg schenkt mir Ingobert Blumenbilder, die er für mich gemalt hat. Ich habe schon eine kleine Sammlung davon, Rosen, Enzian, Himmelschlüssel und Glo-
ckenblumen. Wenn die anderen Klassenkameraden das wüss-
ten, hätten sie was zu lästern, aber der lange Henner hält zu uns
und verrät es ihnen nicht. Neuerdings holen sie mich auch ab,
wenn ich zur Kirche gehe. Lissi hat keine Lust mehr mitzugehen
seit der Ohrfeige vom Pfarrer. Großmutter kann nicht mitkommen, es geht ihr in letzter Zeit gar nicht gut. Vorgestern ist sie auf
der Treppe ausgerutscht, weil ihr schwindlig wurde. Wenn sie in
der Nacht ihre Krämpfe hatte, weint sie den ganzen Tag und
sagt: „Warum hat er mich nur nicht sterben lassen." Sie meint
damit den lieben Gott.*

13. November 1949

*Stell dir vor, ich bin mit Gretel nach Bad Dürrenberg zu Anna
gefahren. Auf der Bahnfahrt hatte ich die ganze Zeit Angst, dass
sie mich erwischen, denn ich hatte nur eine Kinderfahrkarte wegen der Sparsamkeit und bin doch schon dreizehn. An den Sper-
ren musste ich mich klein mache, niemand hat gefragt, wie alt ich
bin. In den Wartesälen von Dresden und Leipzig war es sehr kalt
und wir mussten lange auf die Anschlusszüge warten. Gretel hatte
eine Menge Schnitten mitgenommen, wir haben dauernd gegs-
sen, ich sogar beim Lesen. Ich hatte ‚Ben Hur' von L. Wallace aus
der Leihbücherei mit und bin auf der Fahrt bis zu der Stelle gekommen, wo einer von den Heiligen Drei Königen, nämlich
Balthasar, dem Ben Hur erzählt, wie sie das Jesuskind gefunden
haben. In dem Buch wird oft die Wüste beschrieben mit ihrer
Trockenheit und Hitze. In einem so heißen Land möchte ich nicht
leben, aber die Kälte hier im Winter ist auch schrecklich.*

In Bad Dürrenberg hat es mir gut gefallen, es gibt dort einen Kurpark, in dem Sole an riesigen Wänden aus Reisig herunter rieselt, was gut ist gegen Husten. Die Gegend um den Ort ist ziemlich flach, man kann weit sehen. Berge gibt es nicht, aber viele Fabriken mit hohen Schornsteinen. Anna und Oskar haben ein Wohnung vom Betrieb in Leuna bekommen, wo Oskar arbeitet. Es sind zwei kleine Zimmer, die hintereinander liegen und ein winziges Klo mit Spülung. Anna hat mir von meiner Mutti erzählt und mir sogar eine Tischdecke geschenkt, die sie früher mal von ihr bekommen hatte. Viele Grüße von deiner weitgereisten Hela.

7. Dezember 1949

Frau Bellner übt jetzt einen russischen Tanz mit uns ein. Die Schritte in der Hocke sind schwer, nach der Stunde haben wir alle Muskelkater. Wenn wir schlapp machen wollen, sagt Frau Bellner: ‚Det Allerwichtigste ist Disziplin, ohne die jeht et nicht.‘
Sie will mir das Spitzentanzen beibringen und mich dazu in ihre Wohnung bestellen. Weil Jochen im Januar eine Lehre anfängt und keine Zeit und auch keine Lust mehr hat, den ‚Pagen‘ zu tanzen, soll ich es dann machen. Dazu muss mein Haar noch länger wachsen, damit ich mir eine Innenrolle machen kann. Vielleicht hat mich Frau Bellner für den Pagen ausgewählt, weil ich noch keinen Busen habe. Katharina hat schon einen ziemlich großen und ist auch schwerer als ich. Wenn sie dünner und leichter wäre, hätte sie die Rolle bekommen. Der ‚tote‘ Page muss nämlich so leicht sein, dass Frau Bellner ihn am Schluss aufheben und hinaus tragen kann.
Manchmal wird Katharina von den Jungen aus unserer Klasse ‚Milchkuh‘ genannt, das finde ich nicht schön, aber sie macht sich nichts daraus, sondern zeigt ihnen einen Vogel. Na ja! Das Problem habe ich nicht, bei mir ist vorn noch nicht viel zu sehen. Ich möchte ganz gern wissen, wie das jetzt bei dir ist, Ingelore.

Silvester 1949
Heute habe ich endlich meine Schulden bei Frau Bellner bezahlt:
vierzig Mark. Dreißig habe ich von Vater bekommen, ohne dass
ich lange darum bitten musste. Umso schlimmer ist, dass ich vori-
ge Woche zehn Mark von seinem Nachttisch geklaut hatte. Als er
mich danach fragte, schwindelte ich ihn an, ich hätte das Geld
nicht gesehen. Ich muss es ihm noch sagen, sonst schiebt er es weiter
auf Lissi oder Großmutter, mir traut er es nicht zu, dass ich stehle
und dann noch lüge. Hätte ich bloß gleich die Wahrheit gesagt!
Wenn er heute nicht mehr nach Hause kommt, muss ich mein
schlechtes Gewissen mit ins neue Jahr schleppen. Das ist irgendwie
noch schlimmer als Schulden zu haben, aber ich kann es ja nicht
rückgängig machen. Wenn ich mir jetzt Muttis Gesicht vorstelle,
ist zwischen ihren Augen eine tiefe Zornesfalte wie damals, als
Lissi und ich Brot hinter die Sitzbank in der Küche geworfen und
es abgestritten hatten. Ingelore, du wärst nicht so feige gewesen an
meiner Stelle, du hättest nicht gelogen, das weiß ich genau.

Ihr knurrt der Magen, sie steht auf. Es ist fast wie damals, als
sie nächtelang an ihrer wissenschaftlichen Arbeit schrieb und
alles um sich her vergaß, bis der Körper sich meldete. Auf
dem Fensterbrett der leer geräumten Küche steht die Kaffee-
maschine, daneben eine Packung Zwieback. Sie nimmt etwas
zu sich und geht in den Garten, um frische Luft zu schnappen. Es ist stockdunkel, kühl und windig, der Himmel ist
sternenklar. Sie setzt sich auf die Holzbank neben dem Mis-
pelstrauch, der im Sommer seinen würzigen Duft ausströmt
und im Winter die grünen, schmalen Blätter behält. Auch
ihn wird sie vermissen und sich in einer Grünanlage der Stadt
nach einem Ersatz umsehen.
Schräg über dem Hausdach steht das Sternbild des Großen
Wagens. Sie versucht, den winzigen Stern links über dem
Knick der Deichsel zu erkennen; es gelingt ihr nicht mehr.

Viele Jahre ist es schon her, dass der Freund, mit dem sie sich zu einem nächtlichen Spaziergang am Saaleufer getroffen hatte, ihr das ,Reiterlein' am Himmel zeigte. Vieles hat sich in ihrem Leben verändert seit jener unbeschwerten Zeit der Hoffnungen und Träume. Kinder wurden geboren, Verwandte und Freunde starben, Umzüge waren notwendig. Es war nicht einfach gewesen, sich nach dem Schuldienst in der thüringischen Kleinstadt wieder in der Hierarchie der Universität zurechtzufinden und berufliche Anerkennung zu erlangen, zumal sie sich keiner politischen Partei anschloss und auf fachlichem Gebiet viel nachzuholen hatte. Die Begegnung mit Hunderten von jungen Studenten bedeutete Ansporn und Herausforderung; in ihren Lehrveranstaltungen wurde viel debattiert und oft gelacht. Nicht selten gab es Gespräche unter vier Augen, in denen ihr Rat gefragt war. Während dieser Zeit ging langsam ein ganzes System an sich selbst zugrunde und der Staat, über dessen Hymne sich die Dreizehnjährige vor vier Jahrzehnten gewundert hatte, hörte plötzlich auf zu existieren.

Eines Montags sieht sie sich im Nieselregen auf dem Marktplatz in Halle stehen, inmitten einer merkwürdig stillen Menschenmenge, die den Chorälen der Bläser auf den Hausmannstürmen lauscht. Plötzlich zerschneiden schrille Pfiffe die feierliche Musik, ein junger Mann, die Hände auf dem Rücken, wird von einem Polizisten und zwei Zivilisten abgeführt. Polizeihunde an langen Leinen laufen quer über den Platz, geführt von Uniformierten. Mitarbeiter aus verschiedenen Instituten der Universität schleichen umher, vermutlich um zu erkunden, wer sich unter den Versammelten befindet. Eine Studentin presst ein Brot an sich wie einen Schutzschild. Junge Leute strömen zur Tür der Marktkirche, einige mit Kinderwagen. Hunderte von Kerzen brennen an den Straßenrändern der Innenstadt. Seitdem wogt Montag für Montag eine friedliche, entschlossene Menschenmenge zur Stadtmitte; schließlich bricht Jubel aus über die offenen Grenzen, den Fall der Mauer, die endlich gewonnene Freiheit.

Noch ist die euphorische Aufbruchsstimmung nicht von den neuen Konflikten überschattet, die sie später bei den Evaluierungen an der Universität erlebte, wenn es vor allem darum ging, Stellen frei zu machen oder zu liquidieren. Es blieb nicht aus, dass dabei fachliche Kompetenzen missachtet oder alte Feindschaften ausgetragen wurden. Sie war froh gewesen, nicht davon betroffen zu sein, aber hatten sich nicht alle Gerechtigkeit erhofft?

Vielleicht ist es kein Zufall, dass sie gerade jetzt über Vergangenes nachdenkt. Ist Gegenwart denn ohne Vergangenheit möglich? Ist eine Veränderung der Lebensumstände denkbar ohne Reflexion, ist Vorschau auf Zukünftiges möglich ohne Rückblick?

In dieser Nacht ist für sie jene scheinbar vergessene Zeit wieder lebendig geworden – freilich aus der begrenzten Sicht eines Kindes – die trotz aller Beschwernisse auch von Hoffnungen und Träumen erfüllt war, die alle Heranwachsenden von damals prägte und ebenso zu ihrem Leben gehört.

Die Aufzeichnungen des Mädchens lassen sie nun nicht mehr los und sollte es bis zum Morgen dauern. Sie geht zurück ins Haus und rückt die Stehlampe näher an den Schreibtisch heran. Tief durchatmend beugt sie sich wieder über das Heft.

8. Januar 1950

Es ist schrecklich kalt. An den Deckenbalken der Veranda, in der wir schlafen, hängen kleine Eiszapfen. Die Fenster sind mit dicken Eisblumen überzogen. Wenn der Wind durch die Ritzen faucht, müssen wir unsere Mützen im Bett aufsetzen. Großmutter hat jetzt oft ihre Krampfanfälle, einmal ist sie auf die Dielen gefallen, weil ich zu spät aufgewacht bin. Sie lag bewusstlos und steif auf der Decke neben dem Bett. Da habe ich mich schnell

angezogen und bin zu Gretel gerannt. Lissi hatte Angst und ver-
kroch sich unter der Bettdecke, Vater war noch unterwegs. Gretel
und Willi wollen Großmutter im Frühjahr zu sich in ihre Woh-
nung nehmen, wenn ihnen der Hauswirt noch eine Kammer über-
lässt und Tante Marie zu uns kommt.
Vater ist jetzt noch schweigsamer als sonst. Die Sache mit dem
Zehnmarkschein hat er anscheinend vergessen, jedenfalls redet er
nicht mehr davon. Ich habe es aus Feigheit immer noch nicht ein-
gestanden, aber ich bin nicht mehr so schnippisch ihm gegenüber,
sage nicht mehr, dass ich seine guten Lehren nicht brauche, son-
dern höre mir seine Ratschläge geduldig an. Manchmal würge
ihm zuliebe sogar ein Stückchen fettes Fleisch hinunter, obwohl
ich es überhaupt nicht mag und auch nicht vertrage. Dann macht
er ein freundliches Gesicht und ist zufrieden mit mir. Ich habe
immer noch ein schlechtes Gewissen und bringe es trotzdem nicht
fertig, es ihm zu sagen.

Gewissensbisse eines kleinen Mädchens. Sicher hat sich die
eigene Tochter später auch unwohl gefühlt, als sie nicht zu-
gab, dass sie den großen Schokoladenhasen aus der Spielkiste
des kleinen Bruders genommen und ihn verzehrt hatte. Die
schmächtige Halbwüchsige muss einen ungeheuren Appetit
auf Süßigkeiten gehabt haben, kein Versteck dafür blieb lange vor ihr sicher, nicht einmal der Wäscheschrank. Warum
wurde sie eigentlich so streng zur Rede gestellt deswegen?
Kommt nicht jedes Kind einmal in die Versuchung, etwas
wegzunehmen und es dann abzustreiten? In diesem Zusam-
menhang fällt ihr noch eine Episode ein. Einmal hatte sich
die Sportlehrerin wütend darüber beschwert, dass sie getäuscht
und belogen worden sei – wegen eines vergessenen Stücks Seife.
Zum nächsten Geburtstag bekam die ‚Übeltäterin' außer einer Strumpfhose kein Geschenk von den Eltern und vergaß
diese unangemessene Bestrafung für die kleine Schwindelei

jahrelang nicht. Wer Kinder großzieht, trifft nicht immer das richtige Maß beim Tadeln oder Loben.

Sie schlägt ein weiteres der Schulhefte auf, in denen das nunmehr dreizehnjährige Mädchen seine Eindrücke und Erlebnisse festgehalten hat.

15. Januar 1950

Lissi geht mir furchtbar auf die Nerven; dauernd redet sie davon, dass Tantmarie bald für immer zu uns kommt und bei uns wohnen wird. Sogar einen Brief hat sie ihr geschrieben, obwohl sie das sonst nie macht und immer mir überlässt. Wenn ich sage, dass ich mich nicht auf Tantmaries Umzug freue, wird Lissi immer ganz wütend, trampelt mit den Füßen und ich muss sie damit beruhigen, dass ich auch denke, eine Tante ist besser als eine Stiefmutter. Vor dem Frühjahr wird es sowieso nichts mit dem Umzug, weil Tantmarie erst ihre Arbeit bei dem Sägewerksbesitzer kündigen und sich hier eine neue suchen muss. Ihr Chef wollte sie gern heiraten und seine Töchter wollten das auch, weil sie eine Witwe und so tüchtig ist, aber sie will lieber uns helfen. Ich habe ein bisschen Angst davor, dass sie uns erziehen will und uns Vorschriften machen wird. Hoffentlich lässt sie mich weiter in die Ballettstunde gehen, das will ich nämlich unbedingt.

20. Januar 1950

Gestern war ich bei Frau Bellner in der Wohnung zu einer Übungsstunde, die ich nicht bezahlen muss. Über ihrem kleinen, roten Plüschsofa hängt ein Foto aus ihrer Jugendzeit in Berlin, als sie dort Ballerina war. Auf dem Foto macht sie in einem wunderschönen, weißen Ballettkleid und Spitzentanzschuhen einen hohen „Padmang" (ich habe sie gefragt, wie das geschrieben wird: „pas de moins", es ist französisch). Sie steht mit dem linken Bein auf Spitze und streckt das rechte waagerecht aus, ohne sich anzuhalten – das schaffe ich nie! Ich bin schon froh, wenn ich beim

Trippeln zwei Drehungen hinkriege und nicht dabei umkippe.
Schade, dass Frau Bellner keine passenden Spitzenschuh für mich
hat; sie sind mir alle zu groß, aber wenn ich sie an den Fußgelen-
ken fest über Kreuz binde, geht es einigermaßen. Manchmal muss
ich ein Bein strecken, Frau Bellner nimmt meinen Fuß in beide
Hände und biegt die Ferse nach innen und die Zehen nach unten,
bis es mächtig spannt, aber weh tut es eigentlich nicht. Auf Spitze
auf einem Bein stehen, klappt noch nicht, das muss ich oft üben.
Tanzen macht sehr viel Spaß, mehr als die akrobatischen Übun-
gen, die Frau Bellner mit uns macht, damit wir gelenkig werden.

31. Januar
Liebe Ingelore, ich bin ein bisschen schadenfroh. Lissi hat heim-
lich, ohne mich zu fragen, meinen Aufsatz über die Schneeköni-
gin abgeschrieben und ihn als ihren eigenen ausgegeben. Fräulein
Hilsch ist ihr aber auf die Schliche gekommen, weil sie den Auf-
satz wieder erkannt hat. Lissi bekommt dafür keine Note und
muss sich jetzt selbst etwas ausdenken; darüber ist sie ganz wütend
und auch über Großmutter, die dazu gemeint hat: „Ja, ja, es ist
nichts so fein gesponnen, es kommt doch an die Sonnen." Das ist
einer von Großmutters Lieblingssprüchen.
Ich muss auch schon wieder einen Hausaufsatz schreiben, und
zwar über das blöde Thema ‚Warum spare ich?' Im Hausflur der
oberen Schule hängt ein Plakat, auf dem in Großbuchstaben steht:
Mittwoch Schulsparen! Jede Woche sollen wir Marken fürs Schul-
sparbuch kaufen und damit bei der Erfüllung des Zweijahrplans
helfen; da kaufe ich doch lieber eine Kinokarte, wenn ich über-
haupt Geld habe, denn mit meiner Arbeit bei Frau Mattusch ist es
so gut wie vorbei. Im Aufsatz muss ich eben etwas zusammen fa-
seln. Das Thema hat Fräulein Hilsch bestimmt bloß aus der Zei-
tung, eigentlich denkt sie sich selber bessere Überschriften aus. Scha-
de, dass es Heinzelmännchen nur im Märchen gibt, sonst könn-
ten sie diese Aufgabe mal für mich erledigen.

Erst heute kann ich dir wieder schreiben. In den vergangenen vierzehn Tagen bin ich oft abends mit meinen Schulfreundinnen ,zu Lichten' gegangen. Weißt du, was das ist? Wir kennen den Brauch von früher nicht, aber vielleicht war er bloß verboten im Krieg. Zur Faschingszeit verkleiden sich Kinder und Erwachsene, setzen Masken auf und gehen so abends zu Bekannten, die raten müssen, wer sich unter der Verkleidung befindet. Die Jungen haben meist altmodische Frauenhüte auf dem Kopf und lange Röcke an, die Mädchen gehen als Hexen, feine Damen mit Sonnenschirmen oder als Männer mit Stiefeln und Zylindern, und es gibt immer ein großes Hallo, wenn die Lichtengänger auftauchen. Nachdem erraten ist, wer sie sind, bekommen sie Kuchen vorgesetzt und etwas zu trinken, dann zieht die ganze Korona weiter. Damit die Leute etwas anzubieten haben, wird ein paar Tage vorher ein Zettel mit einer Zahl an die Tür gesteckt.

Ich bin meistens nicht gleich erkannt worden in Großmutters langem Rock und ihren Schlitzhosen; natürlich hatte ich die Turnhose darunter. Früher müssen die Mädchen ja schrecklich gefroren haben mit solchem Unterzeug, und richtig bewegen konnten sie sich damit auch im Sommer nicht. Großmutter hat bestimmt nie ein Rad geschlagen. Sie mag es ja nicht einmal, wenn ich pfeife. Weißt du, was sie dann sagt? „Mädchen, die pfeifen, und Hühnern, die kräh'n, denen sollte man gleich den Hals umdreh'n." Sie meint es aber nicht so. Manchmal benutzt sie Ausdrücke, die nichts für die Ohren von Fräulein Hilsch wären. Wenn zum Beispiel die Rede ist vom Wachsen und ich mich ärgere, dass Lissi schon so groß ist wie ich, versucht Großmutter mich so zu trösten: „Was soll ich denn da sagen, ich wachse nur noch mit dem Arsch in den Boden." Sie bildet sich ein, dass sie mit der Zeit immer kleiner wird, aber das stimmt nicht; sie wird nur vergesslicher. Sie hat sich nicht gemerkt, wie Kirmeskuchen gebacken wird; das macht aber nichts, wir haben sowieso keine Zutaten dafür. Manchmal weiß sie nicht, welcher Name zu welchem Enkel-

kind gehört, also sagt sie alle vier Namen auf, und zwar in der Reihenfolge, wie wir geboren sind.

Als wir bei Bertram zu Lichten waren, gab es Gitterkuchen mit Marmeladenfüllung und Malzkaffee. Außerdem stellte seine Mutter noch eine große Schüssel mit Eierschnee auf den Tisch. Da wären mir bald die Tränen gekommen, weil ich daran denken musste, wie Mutti mich in ihrem letzten Winter manchmal zum Bäcker schickte mit zwei Eiklar und etwas Zucker. In seiner großen Rührmaschine machte er daraus einen Schneeberg für uns Kinder und nahm nur 20 Pfennig Stromgeld. Für Lissi und mich war das immer ein Fest.

22. Februar 1950

Ach, Ingelore! Immer muss ich etwas vertuschen oder verhindern, weil es bei uns anders ist als bei normalen Familien. Jetzt ist mir's auch noch vergällt, zu Lichten zu gehen!

Der Zettel gestern an Frau Hermanns Haustür war für uns bestimmt: Sieben Lichtengänger am Faschingsdienstag! Weil ich mir schon denken konnte, welche von den Klassenkameraden das vorhaben, sagte ich in der großen Pause, dass es bei uns nicht geht, weil meine Großmutter krank ist. Isa und Christa hatten sie aber vor der Schule beim Milch holen auf der Straße gesehen und fingen an, hinter meinem Rücken zu tuscheln. Jetzt denken alle, wir sind bloß geizig, aber erstens kann Großmutter keinen Kuchen mehr backen, zweitens weiß ich ja nie, wann sie ihre Krämpfe bekommt und drittens will ich nicht, dass sich die hiesigen Kinder neugierig in unserer ärmlichen Wohnung umsehen und dann über uns herziehen. Mir hat schon der Hausbesuch von Fräulein Hilsch gereicht. Nur Wera darf bei uns ein und ausgehen, ihre Familie ist auch arm. Wenn ich groß bin und Geld verdiene, kaufe ich so schöne Möbel, wie Mutti sie in der guten Stube hatte: ein blaues Sofa mit hoher Lehne und eine Anrichte aus glänzendem, schwarzem Holz, außerdem einen riesengroßen ovalen Tisch mit vielen gepolsterten Stühlen, damit wir Feste feiern und Gäste dazu einladen können.

Der Schreibtisch, an dem sie jetzt sitzt, stammt nicht mehr aus der Zeit, in der sie die Hellerau-Möbel kaufte, von denen sie sich bis heute nicht getrennt hat. Nach dem Mauerfall waren viele ihrer Bekannten in eine Art Kaufrausch geraten, hatten sich neu eingerichtet und manchmal ein bisschen abschätzig ihre alten Möbel angesehen. Sie hängt jedoch an den Möbelstücken, die manche Geschichte erzählen würden, wenn sie reden könnten; etwa die vom Kauf unter Protest. Als mehr Stauraum für die größer gewordene Familie von Nöten war, was ihr damaliger Mann nicht einsah, hatte sie die Anschaffung kurzerhand allein bestritten und sich mit den seit jeher getrennten Kassen in dieser Ehe endlich abgefunden. Eine andere Geschichte wäre die vom Umzug nach der Scheidung. Als ein jugendlicher Tischler die Schrankwand notdürftig in ihrer winzigen Wohnung aufstellte, meinte er, die Möbel seien schon so altersschwach, dass sie nicht noch einmal zusammengebaut werden könnten. Schließlich wäre da noch die Geschichte vom langen Transport bis in das Haus aus Schweden, in das sie erstaunlich gut passten.

Verständlicherweise stellte sich das Mädchen damals die Möbel vor, die es vor dem Kriegsende und der Vertreibung gekannt hatte.

5. März 1950
Liebe Ingelore! Tantmaries Umzug verzögert sich, weil sie noch keine Genehmigung hat. Mir ist das ganz recht, aber Lissi schreibt ihr schon wieder einen ‚lieben Brief mit Neuigkeiten.' Sie kann es kaum erwarten, bis es soweit ist und wir eine Pflegemutter haben. Ich kann die ganze Aufregung meiner Schwester überhaupt nicht verstehen, denn wir sind doch bis jetzt auch allein zurecht gekommen.

Gestern hat uns ‚Vetter Bruno' besucht und viel von seiner britischen Gefangenschaft erzählt. Er ist schon über zwanzig und ein richtiger großer Mann, aber er lacht wie ein Junge. Ich glaube, ich habe mich ein bisschen in ihn verguckt, obwohl er mich so altmodisch ‚Base Heli' nennt und mein Cousin ist. Ich habe ihn zum Bahnhof gebracht und beim Abschied hat er mir zehn Mark zugesteckt. Nun habe ich wieder Geld fürs Ballett. Es grüßt dich Brunos Base Heli!

30. März 1950

Vaters Schwester Annel hat einen Gugelhupf zu seinem Geburtstag mitgebracht und gesagt, dass Vater mit sechsundvierzig Jahren nun schon auf die Fünfzig zugeht. Sie lachte dabei so hoch und glucksend, dass wir alle mitlachen mussten, sogar er selber. Nun trinken sie immer noch Muckefuck am Tisch und reden miteinander. Lissi spitzt die Ohren, damit sie nichts verpasst, ich schreibe auf dem Fensterbrett. Vater braust manchmal auf, wenn von früher die Rede ist, bremst sich aber gleich wieder, wenn Tante Annel auf mich zeigt. Sie denken, ich mache Schularbeiten.

Gestern ist Frau Bellner mit der ganzen Truppe beim Fotografen gewesen; das war ziemlich anstrengend. Zuerst mussten acht von uns Mädchen in bunten Röcken und weißen Blusen so tun, als ob wir den russischen Tanz aufführten. Margit hatte die Pelzmütze ihrer Mutter auf und stand in der Mitte mit verschränkten Armen. Dann kam das Foto ‚Der Page' an die Reihe. Frau Bellner zog das Kleid mit dem Reifrock an und den vielen Pailletten am Oberteil, ich bekam das Pagenkostüm. Es besteht aus einer weißen Kniehose und einem roten Jäckchen mit einem weißen Jabot vorn und Spitzenrüschen an den Ärmeln. Auf dem Foto sollte zu sehen sein, wie der Page gerade der Gräfin eine rote Rose überreicht. Die Rose ist aus Stoff. Es war schwer, so lange auf Spitze zu stehen und nicht zu wackeln in den zu großen Schuhen, bis der Fotograf endlich zufrieden war. Zum Schluss machte er noch ein Foto von der ‚Petersburger Schlittenfahrt' mit Katharina als Kutscher. Ich durfte die Spitzenschuhe ausziehen und in Angelas Ballettröckchen in der zweiten Reihe in Position stehen. Weil wir so lange lächeln mussten, habe ich gerade die Zunge in die Backe gesteckt, als der Fotograf knipste; hoffentlich ist das nicht zu sehen auf dem Foto. Die Bilder sollen nämlich als Reklame im Schaukasten ausgehängt werden, damit wir bekannter werden und noch mehr Auftritte bei Feiern oder Kulturveranstaltungen bekommen. Frau Bellner hat gesagt, die Fotos sind teuer, aber wir bekommen welche kostenlos, weil wir so diszipliniert waren. Wie gern würde ich dir eins davon schicken!

3. April 1950

Seit wir in der B-Klasse sind, haben wir auch Englisch bei Fräulein Hilsch. Sie denkt, ich habe Sprachtalent, aber ich komme vielleicht nur so gut mit, weil ich nie schwänzen muss wie die anderen, die einmal im Monat zur selben Zeit Konfirmandenstunde haben. Katharina und Margitta können deswegen auch nicht immer zur Ballettstunde kommen, weil sie lange Texte aus dem Gesangbuch und der Bibel auswendig lernen müssen und dazu noch längere Erklärungen. Wenn sie die Prüfung beim Pastor nicht bestehen, werden sie nicht eingesegnet am Palm-Sonntag. Sie bekommen schöne, schwarze Kleider und Blumen und Geschenke, aber solche Mädchen wie Wera und ich können nur Zuschauer sein.

Großmutter ist im Krankenhaus seit ein paar Tagen, weil sie Blutungen hatte und dazu schon viel zu alt ist. Die meisten Mädchen aus meiner Klasse haben schon ihre Regel und geben damit an, weil sie dann beim Turnen nicht mitmachen müssen. Ich muss noch nicht auf der Bank sitzen und den anderen beim Turnen zuschauen, aber es war mir schon ein bisschen peinlich, als Gretel mich fragte, ob ich Binden brauche.

Weil wir jetzt mit Vater allein sind, sollen wir die Osterferien bei Schweigers verbringen, den kinderlosen Leuten, die uns schon einmal einladen wollten, aber es zum Glück dann vergessen haben. Nun hat es uns der ,Vetter' eingebrockt, der neulich hier zu Besuch war. Frau Schweigers ist seine Tante. Gretel hat mir auch noch den Hintergedanken bei der ganzen Sache verraten: Wenn wir uns gut betragen, soll ich im Herbst die Woche über bei den Schweigers wohnen und von dort zur Oberschule fahren, weil das näher ist. Na, Prost Mahlzeit! Da werde ich doch lieber Lehrling bei der Sparkasse, wie Willi es will, weil ich ,zu schwächlich' bin für schwerere Arbeit – oder ich fahre eben jeden Tag die längere Strecke mit der Bahn. Das würdest du doch auch so machen, nicht wahr?

Palmsonntag 1950
Heute sind fast alle meine Klassenkameraden konfirmiert worden, und jetzt feiern sie zu Hause. Von der Empore in der Kreuzkirche war die Einsegnung gut zu sehen. Einmarschiert sind sie zu zweit, immer ein Mädchen und ein Junge zusammen, langsam und feierlich, bis zum Altar. Das hatten sie vorher ein paar Mal geprobt. Der Pastor hat jedem die Hand auf den Kopf gelegt und einen Spruch aufgesagt, für jeden Konfirmanden einen anderen. Beim Abendmahl standen sie im Halbkreis um den Altar und tranken der Reihe nach aus dem Kelch. Die Mädchen hatten halblange, schwarze Kleider an außer Doris. Sie kam in einem dunkelblauen Seidenkleid, das einen schönen weiten Stufenrock hatte. Da fingen hinter mir zwei Frauen an zu tuscheln.
„Das sieht ja wie ein Tanzkleid aus", sagte die eine.
„Tja! Die Schönfelderin ist schon immer aus der Reihe getanzt. Mich wundert's nicht, dass sie ihrer Tochter so ein auffälliges Kleid schneidern lässt", flüsterte die andere, „wissen Sie, sie hat sich geschnürt, weil niemand erfahren sollte, dass sie schwanger war, nicht einmal ihre eigene Mutter."
„Na so was, bis zuletzt hat sie's verheimlicht? Ein Wunder, dass das Kind keinen Schaden davon hat. Es soll von einem vornehmen Juden sein, was Genaues weiß man ja nicht."
„Sie wird schon einen Grund gehabt haben, den Vater nicht zu nennen, damals bei den Nazis."
Ein Mann neben den Frauen beschwerte sich, da hörten sie mit der Tratscherei auf. Als Doris dann mit den anderen Konfirmier-

ten draußen vor der Kirchtür stand, gratulierten ihr die beiden Klatschtanten ganz scheinheilig und lobten sogar ihr Kleid. Ich werde es Doris lieber nicht erzählen, aber dir, Ingelore, musste ich es aufschreiben, weil mich die Hinterlist der beiden richtig aufgeregt hat. Ich glaube, über Kinder, die keinen Vater oder keine Mutter mehr haben, wird immer getratscht, und wenn sie Dummheiten machen, ist es doppelt schlimm.

15. April 1950
Liebe Ingelore! Schön, dass wir wieder zu Hause sind nach den schrecklichen Osterferien bei Schweigers. Lissi und mir hat es dort überhaupt nicht gefallen, denn es ging furchtbar ernst und streng zu, besonders während der Mahlzeiten. Herr Schweigers ist Ingenieur und kam zum Mittagessen aus seinem Büro nach Hause. Jedes Mal wenn wir uns etwas zuflüsterten am Tisch, meckerte er: „Erst essen, dann reden!" Na ja! Sie heißen ja auch Schweigers. Einmal gab es ein großes Donnerwetter, weil Lissi das Messer abgeleckt hatte. Herr Schweigers schrie seine Frau an, sie soll uns gefälligst Tischsitten beibringen oder in der Küche essen lassen. Da steckte Lissi das Messer extra noch mal in den Mund, aber er tat so, als hätte er es nicht gesehen. Wenn er dann auf dem Plüschsofa sein Mittagsschläfchen machte, mussten wir mucksmäuschenstill das Geschirr abräumen. Wenn beim Abwaschen oder Abtrocknen ein Löffel auf den Boden fiel, jammerte Frau Schweigers: „Um Gottes willen, wenn ihr jetzt nur den Onkel nicht aufweckt." Wenn er die Zeitung las, traute sie sich nicht, ihn anzusprechen, sondern wartete, bis er fertig war. Sie schien richtig Angst vor ihm zu haben, aber sie bewunderte ihn auch wie Gretel ihren Willi – komisch, nicht wahr? Jeden Tag ging sie früh um sechs Uhr in die Kirche und dachte anfangs, wir würden mitkommen, aber wir sind das ja gar nicht gewöhnt und wollten natürlich ausschlafen in den Ferien. Wenn sie mit uns frühstückte, war der alte Griesgram schon auf Arbeit, dann konnten wir so viel von ihrer selbstgemachten Marmelade auf die Schnitten schmieren, wie wir woll-

ten. *Jeden Vormittag wurde Staub gewischt, auch wenn gar keiner auf den vielen dunklen Möbeln lag. Dann musste ich Hemden stopfen, die tausend kleine Löcher hatten, das war langweilig und wollte kein Ende nehmen. Abends im Bett überlegten wir, wie wir es anstellen könnten, schon eher nach Hause zu fahren. Ich fand eine uralte Reklamekarte mit der Aufschrift ,Echtes Baumwollrot Naphta AS', Lissi mauste zwölf Pfennig für die Briefmarke aus der Dose auf dem Buffet, und wir schrieben an Vater, er soll Schweigers mitteilen, dass wir schnell heimkommen müssen, weil Tantmarie bei uns einzieht. Außerdem hätte ich vergessen, meine Bücher rechtzeitig abzugeben und müsste sonst Nachgebühr bezahlen. Letzteres stimmte nicht, denn Gundel ändert immer das Datum, wenn ich die Frist nicht einhalte, aber wir mussten doch einen Grund haben, den die Schweigers einsehen, damit ihr ,gutes Werk' ein Ende hat. Einmal haben wir sie hinter der Tür belauscht, als sie über uns redeten. Herr Schweigers sagte, dass es ein Fehler war, die ungezogenen Mädchen aufzunehmen, ihr albernes Geschwätz mag noch hingehen, aber mit Lügen fängt es an und beim Stehlen hört es auf. Es nützte nichts, dass seine Frau uns in Schutz nahm und sagte, sie hätte uns die zwölf Pfennig versprochen, aber vergessen, sie uns zu geben. Er fauchte, das wäre noch lange kein Grund, das Geld einfach wegzunehmen, und wenn die beiden so weitermachen, wird es ein schlimmes Ende mit ihnen nehmen. Da war Frau Schweigers still. Sie weinte, als wir ins Zimmer kamen. Vielleicht war sie traurig, weil sie keine eigenen Kinder hat.*
Die Bücher, die ich mir ausgeliehen habe, heißen übrigens: ,Die Schatzinsel', ,Spuchtfink segelt um die ganze Welt' und ,Schneller Fuß und Pfeilmädchen'. Alle drei sind interessant. Ich hoffe, du hattest schönere Osterferien als deine Hela und ihre Schwester.

25. April 1950
Seit Tantmarie zu uns gezogen ist, herrscht überall Ordnung und Sauberkeit. Jeden Tag gibt es Mittagessen. In der Woche kocht sie es abends für den nächsten Tag, damit wir es uns aufwärmen

können, wenn wir aus der Schule kommen und sie noch in der Näherei auf Arbeit ist. Frau Hermann hat ihr im oberen Stock eine große Stube vermietet, die jetzt mit einem dicken, grünen Vorhang in zwei Teile geteilt ist; davor befindet sich die Wohnstube mit einem richtigen Buffet, dahinter stehen Tantmaries Pfaff-Nähmaschine, ihr Bett, das tagsüber mit einer weißen Spitzendecke zugedeckt ist, und ihr Wäscheschrank. An den Schrankfächern sind breite, weiße Borten mit Reißzwecken befestigt. Darauf ist mit blaurotem Kreuzstich gestickt:
Im Schranke weißes Linnen, im Herzen ernstes Sinnen,
mit Lieb und Treu gepaart, ist edler Frauen Art.
Frau Hermann meinte, es heißt eigentlich ‚deutscher Frauen Art', aber Tantmarie sagt, in Nordböhmen, wo sie herstammt, kennen sie den Spruch anders. Sie hat die Spruchbänder selber für ihre Aussteuer gestickt, als sie die Braut vom Engel Fleischer war, der kurz nach der Hochzeit in den Ersten Weltkrieg ziehen musste, sich dort die Tuberkulose geholt hat und später daran gestorben ist. Sie hatten keine Kinder, aber jetzt hat die Tante ja uns, sagt Lissi. Sie läuft ihr den ganzen Tag hinterher und fragt andauernd: „Kann ich dir was helfen, soll ich was machen?" Ich mache mich lieber aus dem Staube und lese in der kalten Bodenkammer, in der Vater jetzt schläft. Mir hat's schon gereicht, dass wir vorigen Samstag die Balkendecke in der Stube abgeseift haben, bis die Ölfarbe wieder weiß statt grau war – alles für den Frühjahrsputz. Das wäre unserer Großmutter nicht im Traum eingefallen!
Großmutter wohnt jetzt bei Gretel und Willi. Sie hat eine Schlafkammer außerhalb vom Korridor. Damit sie es hören, wenn sie aus dem Bett fällt in ihren Krämpfen, hat Willi ein Podest aus Holz gebaut, das mit einer Klingel in seiner Schlafstube verbunden ist. Über der Holzplatte liegt eine Wolldecke; trotzdem sieht es aus wie eine Falltür. Wenn Großmutter nachts aus Versehen darauf tritt, kommt Gretel angerannt. Neben dem Bett an der Wand hängt ein großes, schwarzweißes Bild, auf dem ein kleines Kind von seinem Schutzengel auf einem schmalen Steg über einen wil-

den Bach geführt wird. Großmutter denkt, ihr eigener Schutzengel hat immer aufgepasst, wenn sie Krämpfe hatte, sonst wäre ihr längst etwas passiert.

Wenn ich aus der Schule komme, mache ich manchmal einen kleinen Umweg und rufe unter Großmutters Fenster; dann freut sie sich. Wenn wir allein sind, spielen wir heimlich Platten auf Willis Grammophon ab. Am besten gefallen mir die beiden langsamen Walzer, die Mutti manchmal gesungen hat:

‚Hörst du mein heimliches Rufen, öffne dein Herzkämmerlein und hast du heute Nacht so lieb an mich gedacht, so lass mich im Traum bei dir sein.'

Das andere geht so: ‚Wie ein Wunder kam die Liebe über Nacht, heut' hat mir das Glück beim Walzer zugelacht.' Leider krächzt die Musik ein bisschen, das Grammophon ist schon alt und die Kurbel zum Aufziehen fällt immer wieder ab. Wenn Willi es wüsste, dass wir seine Schallplatten abspielen, würde er sie verstecken.

Auf einer Platte sind solche Lieder wie: ‚Die Julischka, die Julischka aus Budabudapest, die hat ein Herz aus Paprika, das keine Ruhe lässt ...' und ‚In der Nacht ist der Mensch nicht gern alleine, denn die Liebe im hellen Mondenscheine, ist das Schönste, wenn sie wissen, was ich meine, einerseits und andrerseits und außerdem ...' ganz schön blöd, nicht wahr? Es ist so schade, dass wir nicht miteinander reden können, Ingelore! In den vielen Briefen an dich führe ich ja nur schriftliche Selbstgespräche, aber ich kann einfach nicht damit aufhören.

2. Mai 1950

Gestern zur Maifeier habe ich den ‚Pagen' auf der großen Bühne im Karli-Haus getanzt, zusammen mit Frau Bellner. Der Tanz geht so: Eine Gräfin betrachtet ihr Gesicht gerade in einem Handspiegel, als der Page zu ihr ins Zimmer kommt und ihr eine rote Rose schenkt. Zum Dank dafür tanzt sie eine Weile mit ihm, aber bald nimmt sie wieder ihren Spiegel zur Hand, um sich zu betrachten und zu pudern. Die Rose wirft sie achtlos weg. Darüber ist der Page so traurig, *dass er sich einen Dolch ins Herz sticht. Der Gräfin tut es leid, sie hebt den toten Pagen auf und trägt ihn auf ihren Armen von der Bühne. Dabei muss ich die Augen zumachen und den Kopf nach hinten hängen lassen. Frau Bellner tanzt bis zum Schluss auf Spitze. Die Musik für diesen Tanz heißt ‚Humoreske' und ist von Dvořak – sie geht mir oft tagelang nicht aus dem Kopf.*

Vor dem Auftritt hatte ich wieder schreckliches Lampenfieber, mein Herz klopfte ganz schnell und laut. Ich hatte auch Angst davor, dass ich beim ‚Erdolchen' den Schlitz in meinem Jabot nicht gleich finden würde, aber es klappte, und Frau Bellner lobte mich nach dem Auftritt. Die Zuschauer klatschten so lange, dass wir dreimal vor den Vorhang gehen mussten zum Verbeugen. Die anderen Tänze habe ich wie im Traum mitgetanzt, und nach der Vorstellung war ich noch stundenlang ganz benommen.

Heute früh in der Schule hättest du meine Klassenkameraden hören sollen! Die Mädchen fanden fast alle den Pagentanz schön, aber Frau Bellner schon zu alt für die Rolle der Gräfin; die Jungen spotteten: „Wegen so 'ner alten Schreckschraube bringt sich doch keiner um" und zeigten mir den Vogel. In der großen Pause machte Bertram nach, wie ich mich auf der Bühne fallen ließ, und alle lachten darüber. Die Jungen in meiner Klasse sind wirklich sehr kindisch und verstehen vom Tanzen nicht die Bohne!

Sogar der Bürgermeister hat sich unser Programm angesehen und danach mit Frau Bellner lange geredet. Katharinas Mutti, die im Gemeindeamt arbeitet, weiß auch worüber. Die Tänze waren ihm bis auf die beiden russischen nicht zeitgemäß genug. Frau Bellner soll sich für die nächste Vorstellung noch etwas Fortschrittliches ausdenken, wir Kinder würden unsere Sache ja gut machen unter ihrer Anleitung. Hoffentlich dürfen wir zum Kindertag auch wieder die Tänze aufführen, die wir schon einstudiert haben.

9. Mai 1950

An meinem Lebenslauf, den ich wegen der Oberschule schreiben muss, hat Fräulein Hilsch allerhand auszusetzen. Ich soll schrei-

ben: ,Ich habe noch eine kleinere Schwester' und nicht ,außer mir habe ich noch eine kleinere Schwester'. Dass ich bis zu meinem sechsten Lebensjahr glücklich in meinem Elternhause wohnte und 1942 in die Schule eintrat, fand sie in Ordnung; dass mein Vater nun der alleinige Erhalter der Familie ist, weil meine Mutter an Krebs starb, kann so stehen bleiben. Meinen Berufswunsch wollte ich nicht hinschreiben, denn wenn nichts daraus wird, spotten bloß alle über mich. Ich will nämlich Ärztin werden und ein Mittel gegen Krebs erfinden, aber das verrate ich niemandem außer dir und Lissi. Damit Fräulein Hilsch zufrieden ist, schwindle ich eben und schreibe in den Lebenslauf, dass ich Lehrerin werden möchte.

Sie überlegt und legt den Kopf zur Seite. Wie kam es, dass das Mädchen später seinen ursprünglichen Berufswunsch aufgab und sich nach dem Abitur für ein Sprachenstudium entschied? In ihrer Erinnerung taucht die Gestalt einer Lehrerin im neusprachlichen Zweig der Oberschule auf, einer zierlichen, strengen, aber gerechten Frau mittleren Alters, die Deutsch und Englisch unterrichtete und im mündlichen und schriftlichen Ausdruck ihrer Schüler besonderen Wert auf logische Gedankenführung legte. Alle verehrten diese Lehrerin und nannten sie unter sich beim Vornamen. Für das Mädchen war sie eine Art Vorbild geworden. Hinzu kam, dass sich die Abiturientin damals das Medizinstudium nicht recht zutraute, weil sie glaubte, in den Naturwissenschaften zu wenig gelernt zu haben und sich vor dem Physikum fürchtete. An Selbstbewusstsein hat es ihr noch ziemlich lange gefehlt, aber sie hat es nie bereut, einen Beruf ergriffen zu haben, in dem sie stets von jungen Menschen umgeben war.

Sie ist gespannt, ob das Mädchen auch etwas über seine Oberschulzeit berichten wird und wendet sich wieder den Briefen zu.

Mit Ingobert habe ich Schluss gemacht, und das kam so: Am Sonntag habe ich mich nach der Kirche mit ihm getroffen und Tantmarie allein nach Hause gehen lassen. Er steckte mir einen Zettel zu und rannte weg. Auf den Zettel hatte er zwei rote Herzen mit Händen gemalt, die sich anfassen. So etwas Kitschiges! Darunter standen ein paar tschechische Wörter, die ich nicht verstand. Henner, der ein bisschen tschechisch kann, lachte verschämt und sagte, es könnte heißen ‚gib mir einen Kuss.' Was bildet sich Ingobert bloß ein! Ich knutsche doch nicht herum wie Katharina mit Bertram oder Isa mit Lothar. Jedenfalls habe ich den doofen Liebesbrief Lissi gezeigt, mit ihr darüber gelästert und ihn dann in kleine Stücke zerrissen. Die Blumenbilder von Ingobert habe ich alle in den Ofen gesteckt und verbrannt, obwohl es mir ein bisschen leid tat um sie, aber was soll's. Henner soll Ingobert ausrichten, dass es Schluss ist mit uns. Es hat ja sowieso keinen Zweck, hier mit einem Jungen zu gehen, wenn ich ab Herbst zur Oberschule fahre. Ingelore, ich schreibe dir das alles, weil du immer noch meine beste Freundin bist. Warst du auch schon verliebt und auf einmal nicht mehr?

Tantmarie war übrigens von der Kirche aus in die falsche Richtung gegangen, weil sie sich noch nicht so gut im Dorf auskennt. Als ich zu Hause ankam, war sie noch nicht da. Lissi machte mir Vorwürfe, weil ich die Tante im Stich gelassen hatte, um mich mit dem blöden Ingobert zu treffen, sie war ganz außer sich. Als Tantmarie endlich zurückkam, machte mich Lissi erst recht schlecht vor ihr und schrie: „Die ist immer so, auf die ist kein Verlass!" Da lachte Tantmarie ein bisschen und sagte etwas sehr Schönes: „Ich hätte mir ja den Weg auch merken können, aber jeder geht halt mal in die falsche Richtung, seid nur wieder gut miteinander." Das werde ich ihr nie vergessen!

Seit sie bei uns wohnt, ist vieles leichter. Vor der Schule gibt es ein richtiges Frühstück und zu Mittag oder zum Nachtmahl – so nennt sie das Abendessen – kocht sie jeden Tag etwas Warmes. Sonntags bindet sie eine weiße Schürze um wie früher in ihrer Gastwirtschaft. An den Sonntag-Nachmittagen schreibt sie lange Briefe an die Verwandten und ihre Freundinnen. Ihre Schrift ist feiner und spitzer als meine. Wenn sie zum Postkasten am Viadukt geht, um die Briefe ein zuwerfen, zieht sie Absatzschuhe und ihren hellen Sommermantel an. Ihr graubraunes Haar steckt sie früh mit etlichen Kämmen zu einer Hochfrisur fest, die den ganzen Tag hält. Großmutter sagt, sie ist eine fesche Frau. Jetzt arbeitet Tantmarie in einer Näherei. Manchmal ärgert sie sich in der Fabrik über die dummen Bemerkungen der einheimischen Frauen.

Es ist anstrengend, die verblassten Schriftzüge des Kindes zu lesen. Sie reibt sich die Augen und denkt an jene selbstlose Frau, die damals ohne Zögern zu ihrem verwitweten Bruder und den halbwüchsigen Nichten zog, um ihnen zu helfen. Sie war Mitte fünfzig, von hochgewachsener, schlanker Gestalt, stets sorgfältig gekleidet und sehr zurückhaltend. Ihre altmodische Hochfrisur zierten Schildpattkämme, sie trug Ohrringe, die aus kleinen, in Gold gefassten Türkisen bestanden und noch aus ihrer Kinderzeit stammten. Bemerkenswert waren ihre klaren blauen Augen, mit denen sie zu lächeln schien. Obwohl sie keinerlei Erfahrung in der Kindererziehung hatte, gelang es ihr nach einiger Zeit, das Vertrauen der beiden Mädchen zu gewinnen. In ihrer unaufdringlichen Art und freundlichen Zuwendung übte sie einen größeren Einfluss auf die Heranwachsenden aus, als ihnen damals bewusst war. In Konfliktsituationen wirkte sie freilich immer etwas hilflos; Strenge lag ihr nicht. Die Pflegetöchter konnten auch auf ihre Hilfe zählen, als sie längst erwachsen waren. Als eine der beiden lebensgefährlich erkrankte, übernahm sie trotz ihres fortgeschrittenen Alters die Betreuung der Kleinkinder und den Haushalt, legte mehrmals weite Strecken mit der Eisenbahn zurück und nahm einen einjährigen Jungen noch monatelang zu sich.

In jener Zeit war das Kind für sie wie ein spätes Glück; der Abschied von ihm muss ihr schwer gefallen sein. Vielleicht ahnte sie bereits, dass ihre Tage gezählt waren.

Ein früheres Bild dieser liebenswerten Frau ist in den Aufzeichnungen des Mädchens wieder lebendig geworden.

2. Juni 1950

Die Begabten-Klassen sind wieder abgeschafft worden vom Ministerium. Unsere Klasse heißt jetzt einfach 8c. Ritas Vater, der früher Rechtsanwalt war – Rita sagt immer ‚Linksimbusch', wenn sie nach seinem Beruf gefragt wird – hat sich darüber aufgeregt. Meinem Vater ist es egal, wie die Klasse genannt wird, Hauptsache, ich kann etwas lernen. Wir sind siebzehn Mädchen in der 8c, in der 8a sind es einundzwanzig und in der 8b auch. Sport und Biologie haben wir alle zusammen, und zwar bei Herrn Grube, den wir prima finden. Bei schönem Wetter geht er mit uns in seinen Stunden auf einen Hügel außerhalb des Dorfes, dort können wir meistens machen, was wir wollen; Blumen pflücken, Marienkäfer sammeln, singen oder einfach nur im Gras sitzen und quatschen. Heute hatte Doris den Fotoapparat von ihrer Mutti mit, und Herr Grube hat uns Mädchen fotografiert, selber wollte er nicht auf das Bild. Vielleicht war es ihm zu peinlich, weil wir eigentlich Turnen gehabt hätten. Ich habe den Kopf zur Seite gedreht, damit meine Pagenfrisur zur Geltung kommt. Die meisten Mädchen haben noch Zöpfe oder lange Naturlocken, aber einige aus den Parallelklassen haben sich beim Friseur eine Dauerwelle machen lassen und kommen jetzt kaum mit dem Kamm durch die starke Krause, deshalb rennen sie immer mit einem Klapsband herum. So eine Heißwelle ist ziemlich teuer.

8. Juni 1950

Liebe Ingelore! Ich ärgere mich über Vater, weil er wieder auf Annoncen antwortet und eine Frau sucht, obwohl uns Tantmarie den Haushalt führt und alle versorgt. Wir finden, sie verwöhnt Vater, weil er ihr jüngerer Bruder ist. Sie holt oft selber die Kohlen aus dem Keller, statt es ihm aufzutragen. Lissi und mir macht sie fast nie Vorschriften, außer dass sie uns ermahnt, nicht so ,garstig' zu Vater zu sein und ihm keine schnippischen Antworten zu geben. Wenn wir uns streiten und aufeinander losgehen, ruft sie ängstlich: „Dass nur ja nichts passiert!“ und wenn wir sie etwas fragen, sagt sie meistens: „Macht wie ihr denkt.“ So ist sie eben. Vorigen Sonntag kam eine dicke Heiratslustige zu Besuch und brachte eine selbstgebackene Buttercremetorte mit. Tantmarie hatte eine weiße Schürze um und stellte ihr gutes Kaffeeservice auf den Tisch. Weil Lissi und ich dauernd über die alte Jungfer lachten, wurde sie ärgerlich und Vater wollte sie beschwichtigen. Als Lissi mir ins Ohr flüsterte „sie hat Pferdezähne“, konnten wir uns überhaupt nicht mehr beherrschen vor Lachen. Da fuhr sie aus der Haut, nannte uns „unverschämte Bälger“ und schaufelte schnell noch ein Tortenstück in sich hinein. Es passte ihr nicht, dass Vater uns in Schutz nahm, sie stand auf und schimpfte mit vollem Mund: „Die beiden frechen Dinger sind es nicht wert, von meiner Torte zu essen, sie müssen ihre Stücke bezahlen!“

Da holte Tantmarie zehn Mark aus ihrem Portemonnaie und bezahlte damit die ganze Torte. Die Dicke steckte das Geld schnell ein, schnaufte „ihr seht mich nicht wieder“ und haute ab. Tantmarie weinte. Die teure Torte hat uns überhaupt nicht mehr geschmeckt, denn Tantmarie muss in der Näherei schon sehr viele Handtücher umsäumen, bis sie zehn Mark verdient hat. Aus der Heirat mit der blöden Dicken wird nun nichts, aber ich glaube, Vater ist darüber nicht böse. Hoffentlich gibt er jetzt die Suche nach einer Frau auf.

16. Juli 1950
Die Abschlussprüfungen in der Grundschule sind vorbei. Ich bin in Deutsch und Biologie geprüft worden und denke, dass ich's gut gemacht habe; jedenfalls hat mir Fräulein Hilsch zugelächelt.

Gestern waren zwei achte Klassen zum Schulausflug in der Sächsischen Schweiz – neunundfünfzig Schüler mit zwei Lehrern, Fräulein Hilsch und Herrn Grube. Auf der Bastei hat uns ein Fotograf alle zusammen geknipst. Ingobert wollte wieder mit mir anbändeln, aber ich habe mich absichtlich zu den Jungen auf der entgegengesetzten Seite gestellt, damit er endlich kapiert, dass ich es ernst meinte und wirklich Schluss ist.

Gegen Mittag war es ziemlich heiß und staubig dort oben, und wir hatten alle Durst und nichts mehr zu trinken. Auf dem Bahnhof sind wir dann alle zum Trinkwasserhahn gerannt und haben unsere Flaschen gefüllt. Die Schnitten, die wir mitgenommen hatten, waren schon längst aufgegessen. Im Zug grölten die Jungen „wir haben Hunger, Hunger, Hunger haben Hunger, Hunger, Hunger, haben Durst!" bis Herr Grube dazwischenfuhr und schimpfte:

„Wer nicht sofort seine Klappe hält, bekommt kein Abschlusszeugnis." Da hörte der Krach auf.

Ingelore, du wirst doch jetzt auch aus der Grundschule entlassen. Ich möchte gern wissen, was du für einen Berufswunsch hast. Seit der dritten Klasse haben wir uns nicht mehr gesehen – fünf Jahre!

24. Juli 1950

Endlich Ferien! Auf meinem Abschlusszeugnis vom Land Sachsen steht, dass ich die gesetzliche Grundschulpflicht erfüllt habe und aus der Klasse 8c entlassen wurde. Fräulein Hilsch hat mir in ihrer schönen Druckschrift bescheinigt, dass ich eine begabte und fleißige Schülerin war mit tadellosem Betragen – das ist wirklich übertrieben. Vor der Oberschule habe ich ein bisschen Angst.

Die Feier zur Schulentlassung war am Sonntag Nachmittag im Karli-Haus. Wir Schüler mussten durch den Mittelgang einziehen wie Konfirmanden in die Kirche, dazu wurde eine feierliche Musik gespielt. Der Schulchor sang ‚Entgegen dem kühlenden Morgen', zwei Gedichte wurden aufgesagt, danach spielte die Musikgemeinschaft aus dem Nachbarort ‚Die kleine Nachtmusik', was ich ja nicht gerade passend fand. Fräulein Hilsch hielt eine Rede für die 159 Schulabgänger, unter denen auch ein paar Sitzenbleiber aus den siebenten Klassen waren. Wir saßen in den vordersten Reihen, hinter uns die Lehrer, viele Mütter und ein paar Väter. Der Schulleiter teilte Buchprämien auf der Bühne aus. Ich bekam ,Galja die Tänzerin' von M. Sisowa, ein Buch über die schwierige Kindheit der berühmten russischen Ballerina Galina Ulanowa, von der uns Frau Bellner schon erzählt hatte. Als Nächstes betrat der Bürgermeister die Bühne und sagte, wir wären nun in den Kreis der Erwachsenen aufgenommen. Er gab jedem von uns ein Blatt mit einem Bild von der Schule und einem Spruch zur Erinnerung an die Schulzeit. Mein Spruch lautet: ,Edel im stillen das Gute vollbracht, Pflichten erfüllen ist Adel und Macht.'

Ich glaube, den hat Fräulein Hilsch für mich ausgesucht, weil es nun vorbei ist mit der Tanzerei und ich ab September nur noch Pflichten habe. Nach dem Abschiedslied vom Schulchor sind wir wieder in Zweierreihen aus dem Saal ausgezogen. Manche Mütter wischten sich die Freudentränen ab.

Abends war das Abschlussfest im Waldschlösschen mit einer Zwei-Mann-Kapelle und Tanz. Unsere Jungen trauten sich nicht auf die Tanzfläche, also haben nur wir Mädchen miteinander getanzt. Mir geht es immer durch und durch, wenn die Musik anfängt. Einmal hat mich der Chemielehrer, Herr Scheurer, zum Tanz aufgefordert und gesagt, dass ich wie eine Feder tanze. Er schwitzte furchtbar und hatte ganz klebrige Hände, das war eklig! Sie spielten gerade ,Möwe, du fliegst in die Heimat.'

Bei Frau Bellner studieren wir jetzt einen fortschrittlichen Tanz ein, der mir nicht besonders gefällt. Er geht so: Katharina sitzt auf einem Stuhl, der auf einem Tisch steht und mit einem grauen Tuch verhüllt ist, weil er den Loreley-Felsen darstellen soll. Während der Schulchor singt ,Ich weiß nicht was soll es bedeuten, dass ich so trau-hau-rig bin ...' usw., kämmt Kathi ihre blonden Schillerlocken, gibt dabei mächtig an. Wir anderen tanzen in langen,

weißen Kleidern die Wellen des Flusses Rhein. Plötzlich wird die
Musik schnell und laut und ein paar Chormädchen singen:
‚Go home, Ami, Ami go home, spalt für den Frieden dein Atom,
sag good-bye dem Vater Rhein, rühr nicht an sein Töchterlein.'
Dazu müssen wir ruckartige Schritte und Bewegungen machen,
was ich albern finde. Der Revue-Tanz, den wir anschließend wieder
probten, gefällt uns besser. Wir fassen uns dabei alle hinter dem
Rücken über Kreuz an den Händen, tippen abwechselnd mit der
rechten und der linken Zehenspitze auf den Boden, werfen die
Beine gleichmäßig nach oben und die ganze Reihe dreht sich. Leider
musste ich Frau Bellner sagen, dass ich ab September nicht mehr
zur Ballettstunde kommen kann, was sie sehr schade findet, aber
auch versteht. Ich bin ziemlich traurig darüber, dass ich das Tan-
zen aufgeben muss. Großmutter sagte dazu: „Zwei Herren wohl-
getan, ist eine Kunst, die niemand kann." Das gilt wahrschein-
lich auch für zwei Schulen; die eine ist Frau Bellners Ballettschu-
le, die ich aufgeben muss, die andere ist die Oberschule, die ich
schaffen will.

11. August 1950
Liebe Ingelore! Richtig schreibfaul bin ich jetzt. Wenn es nicht
regnet, gehe ich mit Angela und den anderen ins Schwimmbad,
liege auf der Wiese unter den hohen Bäumen, betrachte die Wol-
ken, die sich ständig verändern und träume davon, wie ich in
ferne Länder fliege und mir die Welt von oben ansehe. Hast du
schon mal längere Zeit auf eine Kirchturmspitze gestarrt? Nach
einer Weile ist es, als ob du dich mit der Erde drehst.
Abends gehen wir durch die Felder zurück ins Dorf; manchmal
zirpen die Grillen und es riecht so stark nach Heu und abgemäh-
ten Blumen, dass mir ganz schwindelig wird.
Tantmarie hat mir einen Badeanzug besorgt, einen grünen mit
Gummizug über der Brust und Trägern, die am Rücken über Kreuz
liegen. Ich habe ihn fast den ganzen Tag im Schwimmbad an, auch
beim Ball spielen und Gondeln. Ich schaffe es jetzt, über den Teich

zu schwimmen, hin und zurück. Außerdem springe ich vom Ein-
Meter-Brett, aber nur mit den Füßen zuerst, den Kopf- oder gar den
Hechtsprung, den Angela kann, traue ich mir nicht zu. Tantmarie
hat Lissi und mir auch neue Kleider aus kariertem Stoff nähen las-
sen mit breitem Kragen und zwei Reihen weißer Knöpfe auf den
Vorderteilen; von weitem sehen wir wie Zwillinge aus. Lissi ist ge-
nauso groß wie ich, aber mein Haar ist viel länger als das meiner
Schwester, und im Gesicht sind wir uns auch nicht ähnlich.
Heute war Tantmarie bei Gretel und hat ihr beim Bügeln gehol-
fen. Dabei hat sie Servietten mit Muttis Monogramm und einen
Schlafanzug entdeckt, den sie ihr geschenkt hatte. Sie hat nichts
gesagt, sich aber sehr darüber geärgert, dass Gretel sich die Sachen
angeeignet hatte. Jetzt sitzt sie am Tisch und schreibt einen Brief
an ihre Freundin, das macht sie sonst nicht in der Woche. Wahr-
scheinlich vertraut sie ihrer Freundin auch an, was sie ärgert oder
freut, so wie ich dir. Deine Hela.

Ihr Rücken schmerzt. Sie streckt sich. Und während sie gähnt
blickt sie aus dem Fenster. Der Himmel ist schon grau, am
Horizont ist ein schmaler, leuchtender Streifen zu sehen. Sie
öffnet das Fenster und atmet die Kühle des frühen Morgens
ein. Mit zaghaften Lauten stimmen die Vögel ihre Lieder an,
weißlicher Tau liegt auf den letzten Blütenblättern der Rosen
und auf dem Herbstlaub, das den Rasen bedeckt. Ihr Blick
fällt auf das Vogelhäuschen am Stamm der alten Robinie, das
ein kleiner Enkelsohn vor Jahren für sie gezimmert hat. Sie beschließt, es mitzunehmen für die Stadtvögel; im kommenden
Winter werden sich die Buntspechte, das Dompfaffpärchen und
all die anderen Waldvögel einen anderen Futterplatz suchen
müssen. Sie muss an die emsigen Kleiber denken, die oft am
Baumstamm herunterliefen, immer mit dem Kopf nach unten.
Plötzlich erinnert sie sich an jene kleine Episode, als sie mit ihrem damals zehnjährigen Jüngsten auf dem Weg zur Schwimm-

halle gegen starke Windböen ankämpfte und er ihr zurief: „Mach's wie der Büffel, Kopf runter und durch!" Sie hatte so laut darüber gelacht, dass sich andere Passanten nach ihnen umdrehten und mit lachten. Die Empfehlung des Kindes wurde zu einem geflügelten Wort in der Familie, wenn es galt, Schwierigkeiten zu überwinden.

Jenes dritte Kind hatte sie sich ganz allein gewünscht und trotz aller Vorbehalte ihres damaligen Mannes zur Welt gebracht. Sie habe ja bereits zwei gesunde Kinder, sei zu alt für ein weiteres Kind, es könne debil sein und würde außerdem wieder eine Menge kosten, bis es großgezogen sei, hatte er gemeint und ihr die Abortion nahe gelegt. Sie hatte vor Enttäuschung geweint und protestiert:

„Ich habe es doch gewollt und liebe es schon." Vielleicht ist in jenem Augenblick noch eine andere wichtige Entscheidung ihres Lebens gefallen.

Nie wird sie das Gefühl absoluten Glücks vergessen, das sie empfand, als sie das gesunde, neugeborene Kind im Arm hielt. Ihr war, als sei die ganze Welt in Ordnung und nichts Schlimmes könne ihr mehr geschehen.

Vor ihr liegt jetzt das letzte Schulheft, das noch zu lesen ist. Die kindliche Handschrift hat sich mit der Zeit verändert; die Großbuchstaben sind schwungvoller, die kleinen spitzer und flüchtiger geworden.

28. August 1950

Liebe Ingelore! Nur noch drei Tage, dann sind die Ferien schon wieder vorbei, und ich muss von den meisten meiner Klassenkameraden endgültig Abschied nehmen, von meiner Freundin Angela, von Katharina, Isa, Henner und vielen anderen; auch von Gundel, die wieder nach Berlin zu ihrer richtigen Mutter zieht. Sie haben mir allerhand Sprüche ins Poesiealbum geschrieben, zum Beispiel:

Hell Gesicht bei bösen Dingen und bei frohen still und ernst,
und gar viel wird dir gelingen, wenn du dies beizeiten lernst.
(Arndt)
Das ist leicht gesagt! Ich werde immer ganz wütend, wenn es un-
gerecht zugeht und kann dann kein freundliches Gesicht machen.
Fräulein Hilsch fand den folgenden Spruch passend für mich:
Vor allem lerne nur, dich selber zu belehren, dann werden andre
dich als ihren Lehrer ehren (Rückert).
Sie scheint sich ja mächtig über meinen Berufswunsch im Lebens-
lauf gefreut zu haben.
Aus meiner Klasse gehen auch Doris und Rita zur Oberschule, sie
sind aber nicht wie ich für den neusprachlichen Zweig eingeteilt,
sondern für den naturwissenschaftlichen. Die beiden haben wie
fast alle meine Freundinnen schon ihre Monatsregel und richtige
kleine Brüste, bei mir ist immer noch nicht viel zu sehen, weniger
als bei Lissi, die ja erst zwölf ist. Wie mag das bei dir sein? Es
grüßt dich deine unterentwickelte Heli.

15. September 1950
Liebe Ingelore! Nie im Leben hätte ich gedacht, dass Oberschüle-
rin zu sein so schwer ist. Jeden Morgen weckt mich Tantmarie um
fünf Uhr, ich wasche mich und ziehe mich in Windeseile an, schlinge
die Mehlsuppe in mich hinein, schnappe die Schultasche und ren-
ne den Wiesenweg entlang, über die Brücke und durch den Via-
dukt. Auf dem Schulberg sehe ich meistens, wie der große Zeiger
der Kirchturmuhr schon auf drei Minuten nach halb sechs rückt
und keuche das letzte Stück zum Bahnhof, wenn die Schranken
schon heruntergehen. Der Zug fährt zwei Minuten später, also
5.35 Uhr ab. Nach dem Einsteigen muss ich erst mal Luft schnap-
pen bis zur nächsten Station, auf der meine neue Klassenkamera-
din Lena zusteigt. Lena hat keinen Vater mehr, aber fünf Ge-
schwister, die alle von ihrer Mutter durch Heimarbeit ernährt wer-
den. Auf der übernächsten Station müssen wir aussteigen und fast
eine Stunde auf den Anschlusszug warten, der dann noch drei

Viertelstunden bis zur Stadt fährt. Es ist ein großer Umweg, weil die Züge seit dem Kriegsende nicht mehr durch die Tschechei fahren dürfen, das wäre viel näher.

Auf allen Stationen steigen Schüler zu, einige davon gehen wie ich in die neunte Klasse, andere sind schon in der zehnten, elften oder zwölften. Wir Auswärtigen sind immer die Ersten in der Schule, die ein riesiges Gebäude mit einem Glockenturm ist, früher ,Johanneum' hieß und ein Jungengymnasium war. In unserer Klasse gibt es nur sieben Jungen und einer davon hat auch noch den Spitznamen ,Hulda'. In den mathematisch-naturwissenschaftlichen und den altsprachlichen Klassen sind mehr Jungen als Mädchen. In jedem Klassenzimmer steht vorn ein Katheder, von dem aus die Lehrer alles überblicken können. Das Katheder besteht aus einem mächtigen Schreibpult, das auf einem Podest thront, dahinter befindet sich ein Stuhl. Die Schulbänke sind uralt und haben Löcher für die Tintenfässer und Rillen für die Federhalter. Die Treppen sind sehr breit und haben schmiedeeiserne Geländer, die schöne Schatten auf die Wände werfen. Die Aula ist zwei Stockwerke hoch, hat riesige Fenster und ist an der Decke und den Wänden über und über mit bunten Blumen und Figuren aus alten Sagen bemalt. Unser Klassenzimmer ist am Ende eines langen Gangs im ersten Stock. Es ist sehr hoch, hat eine breite Tür, große Fenster und nur zwei Bankreihen, da haben wir mehr Platz und auch mehr Licht als in der Grundschule.

Am schönsten aber ist der kleine Park in der Nähe der Schule, der von den Schülern ,Texas' genannt wird. Dort verbringen wir die Freistunden auf den Bänken vor einem Wasserbecken. Das Wasser sprudelt aus dem Maul eines steinernen Fisches heraus. Eine von den Statuen am Rand des Beckens hält ein aufgeschlagenes Buch in den Händen, als ob sie lesen würde. Heute habe ich aus Spaß mein Lateingrammatik auf ihr Buch aus Stein gelegt und ihr befohlen, ,amare' im Präsens zu konjugieren oder zehn Formen zu schreiben. Alle haben darüber gelacht. Was es bedeutet, erkläre ich dir im nächsten Brief. Deine geplagte Hela.

7. Oktober 1950

Heute ist ein freier Tag. Ich musste nicht zur Schule fahren, habe die Hausaufgaben schon erledigt, bin ganz allein in der Stube und kann dir einen langen Brief schreiben. Lissi ist mit Großmutter Falläpfel sammeln, Tantmarie besucht ihre Schwester Annel, und Vater ist auch unterwegs.

Nun gehe ich schon über einen Monat in die Sprachklasse und habe außer Russisch und Englisch auch sechs Stunden Latein in der Woche. Du kannst dir nicht vorstellen, wie viele Vokabeln wir jeden Tag lernen müssen – und erst die Grammatik! Warum unser Lateinlehrer den Spitznamen ‚Maufi' hat, weiß ich nicht. Er ist groß, hager, alt und furchtbar streng. Wenn jemand eine Vokabel nicht weiß, sagt er sofort „zehn Formen!" in einem lang gezogenen Tonfall von oben nach unten und alle wissen, was gemeint ist. Handelt es sich um ein Substantiv, muss es schriftlich dekliniert werden, bis zehn Formen zusammen kommen; ist es ein Verb, so muss es konjugiert werden, für eine Präposition müssen wir zehn Beispiele mit Verbindungen aufschreiben. Stell dir mal die lange Liste vor, wenn einer mehrere Vokabeln nicht gelernt oder vergessen hat! Aus lauter Angst vor Maufi und der vielen Schreiberei fragen Lena und ich uns auf der Bahnfahrt gegenseitig ab. Maufi heißt eigentlich Dr. Rosenberger und soll schon vor dem Krieg Lehrer am Johanneum gewesen sein. Vielleicht macht er deshalb so altväterliche Sprüche wie:

‚Lerne, lerne Knabe, sonst kommt der Hammurabe
und haut dir seinen Kodex mit Keilschrift auf den Podex.'

Er kann sich einfach nicht daran gewöhnen, dass auch Mädchen in der Klasse sitzen. Alle Schüler nennt er beim Familiennamen. Was er von Hammurabi, dem König und Gesetzgeber der Babylonier erzählt hat, war interessant. ‚Maufi' ist nämlich ein Profi in alter Geschichte und kann sich richtig dafür begeistern. Wenn er darüber spricht, vergeht die Lateinstunde, ohne dass zu viele neue Vokabeln drankommen.

Wenn wir früh noch warten müssen, bis der Unterricht anfängt und es ein bisschen langweilig ist, sage ich manchmal aus Spaß,

*ich wüsste genau, dass wir in Latein eine Arbeit schreiben werden.
Dann lernen alle wie verrückt und sind erleichtert, wenn es nicht
passiert; böse sind sie mir deshalb nicht.*

*Unser Klassenlehrer ist mindestens genauso alt wie Maufi, aber
klein, dicklich und gutmütig. Er heißt Hippler, wird aber von
allen Schülern nur ,Hippe' genannt. Anfang Dezember will er
mit der ganzen Klasse für vierzehn Tage ins Schullandheim im
Gebirge fahren. Das Einzige, was uns an ihm stört, ist sein Po-
peln. Manchmal beguckt er durch seine Brille, was er aus der
Nase geholt hat, rollt es und wirft es auf den Fußboden. Nächstes
Jahr geht er in Rente, dann haben wir bei ,Käthe', unserer Eng-
lischlehrerin, auch Deutsch. Ein paar Deutschstunden hatten wir
schon mal bei ihr als Vertretung. Sie las uns die Sage von Laokoon
vor und zeigte uns ein Bild dazu, auf dem Laokoon und seine
beiden Söhne mit den Schlangen kämpfen, die Athene aus Rache
über seinen Verrat geschickt hat. Wir mussten die Geschichte nach-
erzählen, eigene Gedanken hinzufügen und gute Überleitungen
finden; das war gar nicht so leicht.*

*Käthe ist schon etwas ältlich und eine richtige Dame mit schö-
nen Kleidern, Hüten und Stöckelschuhen. Im Unterricht ist sie
ziemlich streng, aber gerecht und nie unfreundlich. Obwohl sie
leise spricht, hören ihr alle zu. Früher soll sie Lehrerin an der
Höheren Töchterschule gewesen sein, die nach dem Krieg abgeschafft wurde. Manche Leute, wie z. B. Ritas Eltern, reden sie
mit ,Frau Studienrätin' an. Horst aus der Zehnten hat uns auf
der Bahnfahrt erzählt, dass ihre einzige Tochter im Alter von
fünfzehn Jahren gestorben ist; das tut mir sehr leid. Ich glaube,
ich werde diese Lehrerin nie mutwillig ärgern, sie ist so etwas
wie ein Vorbild für mich.*

*Die Mathelehrerin kann mich nicht leiden und ich sie auch nicht.
Als mir mal wegen einer verpatzten Arbeit die Tränen kamen
und ich außerdem das Regelheft nicht gleich fand, hat sie mich vor
allen madig gemacht. Sie ist groß und blond, hat staksige Beine
und einen kurzen Haarschnitt. Außer der Sportlehrerin ist sie unsere*

einzige junge Lehrerin, aber sie spielt sich am meisten auf. In der Grundschule waren die Neulehrer freundlicher als sie.

Russisch haben wir bei Herrn Raabe, er trägt immer einen großen schwarzen Hut auf der Straße. Ein Junge aus der Elften, der im Stadttheater mitspielt, hat ein Spottlied auf ihn gemacht. Na ja! Eigentlich hat er nur das Lied vom Sigismund umgedichtet:

,Was kann der Raabe denn dafür, dass er so schön ist, was kann der Raabe denn dafür, dass man ihn liebt und dass er immer bei den Schülern gern geseh'n ist, was kann der Raabe denn, der Raabe denn dafür.

Als Raabe in der Wiege lag, da war es schon zu seh'n, die Ohren waren schön, so wunderwunderschön ...'

Weiter kann ich den Text nicht. Herr Raabe hat ziemlich große Ohren, aber dass sie nicht unter den Hut passen, wie es im Lied heißt, stimmt natürlich nicht.

Zum Schluss muss ich dir noch etwas von unserem Physiklehrer erzählen. Er heißt Dr. Kleemann und verlangt, dass die Jungen eine Verbeugung und die Mädchen einen Knicks machen, wenn wir ihm in der Stadt begegnen, und dass wir laut „Guten Tag, Herr Doktor Kleemann!" rufen. Du kannst dir sicher vorstellen, wie schnell wir um die nächste Ecke verschwinden, wenn wir ihn bloß von weitem sehen! Soll ich etwa den Hofknicks machen, den ich bei Frau Bellner gelernt habe? Manchmal hätte ich richtig Lust dazu, aber da bekäme ich bestimmt eine schlechte Zensur, und in Physik bin ich sowieso nicht besonders gut. Deine Heli.

28. Oktober

Vorigen Sonntag war ich bei Lena zum Geburtstag eingeladen, du weißt schon, das ist die Klassenkameradin mit den vielen Geschwistern. Es gab einen großen Gugelhupf zum Malzkaffee. Danach durften wir die Sommerkleider anprobieren, die Lenas Mutter gerade in Heimarbeit näht, und damit auf der Wiese hinterm Haus herumtanzen. Das hat Spaß gemacht, weil wir alle gleich aussahen in den bunten Kleidern mit den weiten Röcken.

Wir mussten natürlich aufpassen, dass keine Naht aufreißt und auch sonst nichts kaputt geht, damit Lenas Mutter keinen Ärger bekommt, wenn sie die Kleider abliefert. Rita hatte den Fotoapparat vom ‚Linksimbusch' mitgebracht und knipste alle. Auf die Fotos bin ich gespannt!

Am Montag bekam ich einen großen Schreck wegen einer Vorladung von der Polizei. Ich hatte furchtbare Angst, ins Polizeipräsidium zu gehen. Es ist ein hohes Ziegelgebäude mit vielen langen Gängen. Ich wusste ja nicht, was ich mir hatte zuschulden kommen lassen. Dem Polizisten an der Pforte musste ich meinen Personalausweis abgeben, dann schickte er mich in ein großes Zimmer, in dem zwei Polizisten an einem Tisch saßen und schrieben. Ich stand an der Tür wie am Pranger. Endlich sagten sie, ich solle näher kommen und hielten mir meinen FDJ-Ausweis unter die Nase. Der jüngere Polizist fragte mich, ob mir das Dokument gestohlen worden sei. Guntram aus der Parallelklasse hatte ihn mir ein paar Tage vorher in der Bahn aus Spaß weggenommen; eigentlich wollte er nur ein Foto von mir. Bei der Grenzkontrolle zum Westen hatten sie den Ausweis in seinen Sachen gefunden und ihn konfisziert. Der dicke, ältere Polizist belehrte mich lang und breit über den Missbrauch und die Verunglimpfung von Dokumenten durch den Klassenfeind, und ich musste versprechen, in Zukunft wachsamer zu sein und dem Klassenfeind keine Chance mehr zu geben. Dann gab er mir den Ausweis zurück, der ein bisschen zerknittert war. Vielleicht hatte Guntram ihn nicht hergeben wollen wegen des Fotos. Heute erfuhr ich von seinem Freund, dass er nicht wieder zur Schule kommt, weil er mit seinen Eltern für immer in den Westen gegangen ist. Guntram hat's gut! Meinetwegen hätte er den Ausweis behalten können. Deine unbelehrbare und überhaupt nicht wachsame Hela.

2. November 1950

*Die Hausaufgaben kontrolliert Maufi so: „Stäubler, den ersten
Satz lesen! Non solum, ja, ja, nicht nur, sed etiam, worüber? Linke? Templa et statuas, na, ja, ist gut, und die Germanen, wo?
Ufer? Das lassen wir mal weg! Also, wo? In lucis, ja, ja, im Licht,
in der Öffentlichkeit."*

*Meistens ruft er nur die Jungen auf, vielleicht aus alter Gewohn-
heit. Zu jeder Stunde müssen wir ein paar Zeilen aus dem ‚Ta-
citus' übersetzen, einem römischen Geschichtsschreiber. Jetzt sind
wir gerade bei den germanischen Göttern Mercur und Nerthus
angelangt, die in Hainen verehrt wurden und nicht in Tempeln
wie die römischen Götter. Das ist ja ganz interessant, wenn nur
die Grammatik nicht wäre! Bis morgen müssen wir den Indika-
tiv und den Konjunktiv Imperfekt aktiv der Verben auf -o lernen und dazu noch alle Präpositionen, nach denen der Ablativ
steht, zum Glück reimt sich das: a, ab ex und e, cum und sine,
pro und prae.*

*Maufi bringt uns auch eine Menge lateinischer Sprüche bei. Wir
finden, manche davon könnte er sich selber hinter die Ohren
schreiben, wie zum Beispiel: Aliter cum tyranno, aliter cum amico
vivimus – wir leben mit dem Tyrannen anders als mit dem
Freund, oder: Iustitia fundamentum regnorum est, was soviel
heißt wie Gerechtigkeit ist die Grundlage der Königreiche. Jedes
‚C' in den lateinischen Texten müssen wir wie ‚K' aussprechen.
Die Fahrschüler aus dem naturwissenschaftlichen Zweig machen
sich über uns lustig, wenn wir in der Bahn Vokabeln lernen,
aber Maufi will diese Aussprache. Einer seiner ‚witzigen' Sprüche lautet:*

*‚Kaesaro und Kikero gingen ins konkil, Kaesar im kylindero und
Kikero in kivil.' Klingt ganz schön blöd, nicht wahr? Vielleicht
macht sich Maufi bloß einen Spaß mit uns.*

*Ich habe so viel Hausaufgaben, dass ich gar nicht weiß, wann ich
den Aufsatz über den ‚Schimmelreiter' schreiben soll. Wenn ich
nachmittags um vier vom Zug komme, bin ich meistens so müde,*

dass ich mich erst mal ausruhen muss. Manchmal schlafe ich schon ein, bevor ich mir das Essen aufwärme, das Tantmarie für mich auf den Gaskocher gestellt hat. Dann mache ich Hausaufgaben, bis sie von der Arbeit und Lissi vom Kinder hüten kommt. Wenn Frau Hermann abends stundenlang mit den beiden quatscht, kann ich sowieso nicht mehr viel machen, denn ich höre jedes Wort hinter dem Vorhang, ob ich will oder nicht. Kurz nach neun muss ich ins Bett, damit ich früh einigermaßen ausgeschlafen bin. Für uns Auswärtige ist es wirklich kein Zuckerlecken, jeden Tag außer Sonntag zur Schule zu fahren. Trotzdem sagen manche Leute im Dorf, die Oberschüler wollen sich bloß vor der Arbeit drücken.

7. November 1950

Den Aufsatz über Hauke und Elke habe ich fertig, Gott sei Dank. Die Liebesgeschichte der beiden ist mir ziemlich zu Herzen gegangen. Elke, die Tochter des Deichgrafen, wird vor Glück ganz blass, als ihr Hauke Haien heimlich unter dem Tisch den Ring an den Finger steckt. Nach ihres Vaters Begräbnis mischt sie sich in die Beratung über einen neuen Deichgrafen ein, sagt ganz einfach ‚Hauke Haien ist mein Bräutigam', zeigt ihrem Paten den Verlobungsring und überschreibt Hauke ihr Erbe noch vor der Hochzeit, damit er Deichgraf werden kann. Schade, dass sie ein schwachsinniges Kind bekommen und Hauke unbedingt einen neuen Deich bauen will. Als dieser bei einer Sturmflut bricht, ertrinkt die ganze Familie in den tosenden Wellen. Die Sache mit dem Schimmel ist richtig gruselig. Wenn der Schimmelreiter mit flatterndem Mantel und brennenden Augen bei einem Sturm über den Deich galoppiert, aber kein Laut zu hören ist, erschrecken die Leute, denn sie sind abergläubisch. Ingelore, du musst diese Geschichte von Theodor Storm unbedingt einmal lesen.

Im Turnen hatten wir heute Bodengymnastik. Weil ich mir am Barren die linke Hand verstaucht hatte, konnte ich nicht mit turnen und musste auf der Bank sitzen. Mir machte das nichts aus, denn bei den Bodenübungen wird sowieso nur Lisa gelobt. Mein

,Stil' ist der Sportlehrerin ,zu weich'. Vielleicht kommt das vom
Tanzen. Frau Bellner duldete keine eckigen Bewegungen außer
beim Tango.

Mit der Zeit wurde es mir langweilig, da habe ich die Komman-
dos von Fräulein Hanke aufgeschrieben, damit ich zu Hause üben
kann. Du musst dir eine hohe, durchdringende Stimme dazu vorstellen:

„Zwei Schrittsprünge rechts vorwärts mit Seithalte der Arme! Einen Schrittsprung in die Standwaage rechts, Arme in die Schräg-
vorhalte! Ausrichten des Körpers und eine Vierteldrehung in den
Seitgrätschstand! Arme in die Seithalte! Rumpfbeugen vorwärts!
Hände auf den Boden! Ellbogenhandstand! Ab! Handstand!"
Meine Banknachbarin Lisa kann wirklich alles am besten, sie
will später zur Sporthochschule in Leipzig. Lena ist ein bisschen
ungeschickt und wird manchmal angeschnauzt von der Sportlehrerin, besonders, wenn wir Leichtathletik haben und Lena so
schnell außer Atem ist, dafür kann sie aber nichts.

19. November 1950

Liebe Ingelore! Mir ist schon wieder etwas passiert mit einer Glastür! Kannst du dich noch erinnern, wie ich die Korridortür von
Frau Mattusch kaputtgemacht habe? Diesmal ist es noch schlimmer. Es war Frau Hermanns Idee, dass ich ihre neue Schiebetür
vom Glaser in der Stadt abhole und sie mitbringe, weil ich ja
sowieso jeden Tag mit der Bahn hinfahre. Sie schärfte mir ein,
dass ich sie ganz vorsichtig transportieren müsse, weil gemustertes
Glas sehr teuer ist. Ich war froh, als ich nach der Schule die zwei
schweren, in Packpapier eingewickelten Teile endlich zum Bahnhof geschleppt und in den Zug bugsiert hatte. Beim Umsteigen
half mir Lena, und bis kurz vor unserem Bahnhof ging alles gut.
Dann gab es plötzlich einen Ruck und eine der Platten, die wir
gegen die Sitzbank gelehnt hatten, fiel krachend um. Auf dem
Nachhauseweg schwitzte ich schon vor Angst, hoffte aber immer
noch, die Scheiben wären ganz geblieben. Als Frau Hermann sie

auspackte, war in der einen ein großer, bogenförmiger Sprung, mitten durch das eingeritzte Blumenornament. Frau Hermann fing an zu jammern, ich wäre am liebsten in den Boden versunken. Da kam auch noch Großmutter dazu und hatte einen ihrer Sprüche parat: „Ja, ja, Glück und Glas, wie leicht bricht das." Mit Glastüren habe ich jedenfalls kein Glück. Wer weiß, wie lange ich jetzt sparen muss, um die Scheibe zu ersetzen. Von den zwanzig Mark Schulgeld im Monat bleiben noch zwei Mark, wenn ich die Schülerfahrkarte gekauft habe. Manchmal stecken mir Vater oder Tante Annel einen Zehnmarkschein zu. Ich muss weiter jede Woche dieselbe karierte Bluse anziehen und sie am Wochenende waschen; Stoff für eine neue kommt nun nicht mehr in infrage. Meine Banknachbarin Lisa hat immer so schöne Sachen an, zum Beispiel weiße Blusen mit Rüschen und bunte Röcke. Sie hat lockiges schwarzes Haar und ist überhaupt viel hübscher als ich. Langsam komme ich mir wie eine Pechmarie vor.

25. November

Nach der Turnstunde hat mich Lena überredet, mit ins Stadtbad zu gehen. Eigentlich kann ich es mir nicht leisten, aber ein Doppelbad ist ja billiger als ein einzelnes, und ich konnte einfach nicht widerstehen. Es riecht immer so gut nach Fichtennadel-Essenz, wenn das Wasser in die Wannen eingelassen wird. Zu Hause haben weder Lena noch ich ein Badezimmer, sondern nur eine Zinkwanne im kalten Waschhaus. Unter Lenas Geschwistern gibt es jeden Samstag Streit um die Reihenfolge, jedes Kind will zuerst ins Wasser. Ich muss mir das Badewasser zum Glück nur mit Lissi teilen, aber im Stadtbad hat jeder sein eigenes für eine halbe Stunde. Ich nahm mir vor, nicht mehr an die zerbrochene Scheibe zu denken und jede Minute auszukosten. Wir zogen uns schnell aus und stiegen in das dampfende, grünliche Wasser. Von Lena war bald nur noch der Kopf zu sehen, ihre Zöpfe hingen über den Wannenrand. Wir waren ganz still und träumten so vor uns hin. Plötzlich fing Lena an zu keuchen, stand auf und stieg mühsam

aus ihrer Wanne. Sie war am ganzen Körper krebsrot. Ich sprang
zu ihr hin, setzte mich neben sie auf den Wannenrand und hielt
sie fest.
„Mein Herz tut weh, das Wasser war zu heiß", japste sie, „aber es
geht schon wieder." Wir zitterten beide. Erst als die Badefrau an
die Tür hämmerte und schimpfte, die Zeit sei längst um, zogen
wir uns an.
Auf dem Heimweg dachte ich, was für ein Glück, dass Lenas Herz
nicht stehen geblieben ist. Was ist schon eine zerbrochene Glas-
scheibe gegen ein kaputtes Herz!
Frau Hermann hat die Glastür mit dem Sprung einsetzen lassen,
und ich muss sie nicht bezahlen. Manchmal denke ich, Mutti ist
vielleicht jetzt mein Schutzengel und hilft, wenn etwas schief geht.
Gestern habe ich einen Strohblumenstrauß auf ihr Grab gelegt.
Ich habe es nicht gleich gefunden, das Kreuz war umgefallen.

27. November
Liebe Ingelore! Vorgestern bin ich erst nachts um zwölf zu Hause
gewesen, weil wir mit der Klasse im Stadttheater waren und erst
mit dem letzten Zug zurückfahren konnten. Gespielt wurde ‚Der
Barbier von Sevilla', eine lustige Oper. Figaro, ein Friseur, hatte
eine lange Lockenperücke auf dem Kopf und sang ‚ich bin der
schönste aller Barbiere, ich gratuliere mir selber zum Glück'; zum
Schluss wurde er vom Grafen Almaviva und der schönen Rosine
belohnt, weil er ihnen geholfen hatte.
In der Schule hängt am schwarzen Brett ein Aufruf vom Theater:
Für das Einstudieren von ‚Masaniello' werden Schüler gesucht.
Das Stück ist von Christian Weise, der im 17. Jahrhundert Schul-
rektor war. Ich möchte gern mitspielen, aber sie wollen keine aus-
wärtigen Schüler wegen der vielen Proben am Abend. Die Stadt-
kinder haben es eben in jeder Beziehung besser. Hans aus der
zehnten Klasse hat Glück, dass er als Fahrschüler Wilhelm Tells
Sohn Walter spielen darf, weil er klein ist und gut spricht. Wie sie
das mit dem Apfelschuss machen, verrät er nicht, das ist Theater-

geheimnis. Ich muss dir gestehen, ich bin ein bisschen verliebt in Hans. Im ‚Barbier von Sevilla' saß ich neben ihm, und das war kein Zufall!

Nach der Vorstellung habe ich auf dem Weg und im kalten Zug sehr gefroren, weil ich ein zu dünnes Kleid anhatte und mein Mantel nur zur Hälfte gefüttert ist, außerdem waren die Igelitt-Schuhe ganz steif und eiskalt geworden. Jetzt liege ich mit einer Mandelentzündung im Bett, muss Lindenblütentee trinken, in ein Leintuch eingewickelt stundenlang schwitzen und bekomme Vorhaltungen von Vater. Er denkt immer noch, ich bin nur deswegen so anfällig, weil ich kein fettes Fleisch und nicht genug esse. Hoffentlich werde ich gesund, bis unsere Klasse ins Landheim fährt. Drück' deiner kranken Hela die Daumen!

16. Dezember 1950

Da bin ich wieder, nach vierzehn schönen Tagen im Schullandheim, das am Berghang liegt und wie eine Baude aussieht. Als einziger Lehrer war Hippe mit, was bedeutete, dass wir jeden Tag nur zwei Stunden Deutsch und sonst Freizeit hatten. Er hat mit uns ‚Emilia Galotti' durchgenommen. Emilia wird von ihrem Vater erstochen, damit sie der Prinz von Guastalla nicht zu seiner Maitresse machen kann. Das finde ich ziemlich rabiat, und zwar von beiden Männern. Von diesem Trauerspiel hat Hippe eine schriftliche Inhaltsangabe verlangt, das war alles. Zwei Wochen ohne Mathe und Latein und all die anderen Fächer, das war fast wie Ferien!

Jeden Morgen mussten wir alle eiskalt duschen, jeden Abend kontrollierte die Heimleiterin Frau Korn, ob wir Mädchen einzeln in den Betten lagen und nicht etwa Unterwäsche unter den Nachthemden anhatten – und das bei der schrecklichen Kälte im Schlafsaal! Zum Glück hörten wir sie meistens an ihrem schweren Tritt die Treppe herauf stapfen und konnten noch rechtzeitig das Unterzeug ausziehen oder uns wieder auf die Doppelstock-Betten verteilen, wenn wir uns gegenseitig gewärmt hatten. Einmal waren wir bei einer Kissenschlacht zu laut, da gab es vielleicht ein Don-

nerwetter von Frau Korn; sie hat uns richtig aufs Korn genommen dabei. Im Jungenschlafsaal sorgte ‚Hippe' für Ordnung bei unseren ‚sieben Schwaben'; da ging es natürlich nicht so streng zu.

Trotzdem haben eines Morgens einige von uns Mädchen die Heimleiterin ausgetrickst. Heimlich, still und leise sind wir früh um sechs aufgestanden, haben uns warm angezogen und sind ohne Frühstück aus dem Haus geschlichen. Obwohl ziemlich viel Schnee lag, sind wir in der Dunkelheit auf den Berg gestiegen, weil wir den Sonnenaufgang dort oben erleben wollten. Es war furchtbar kalt, aber unbeschreiblich schön, als am Horizont erst ein schmaler, rötlicher Schimmer zu sehen war und nach einer Weile die Sonne wie ein riesiger, rotgelber Ball langsam hinter den Bergen auftauchte und mit ihren Strahlen alles ringsumher erleuchtete. Da spürten wir die Kälte nicht mehr und waren wie eingehüllt in dieses Leuchten!

Natürlich gab es beim Frühstück eine Strafpredigt von Hippe, aber er zwinkerte ein bisschen mit den Augen, als Frau Korn uns wütend die Heimordnung zweimal vorlas, während wir die klumpige Grießsuppe aßen, die noch übrig war und die eine mitleidige Küchenfrau wieder aufgewärmt hatte. Wir ließen alles über uns ergehen und dachten an den Sonnenaufgang, den wir um nichts in der Welt missen möchten.

17. Dezember

Liebe Ingelore! Ich muss dir noch von unseren Spielen während des Aufenthalts im Landheim erzählen. Wir Mädchen haben dort ein Spiel mit Maufis griechischen Göttern erfunden, die Jungen fanden es albern und machten nicht mit. Uta verkleidete sich als Gott der Unterwelt Pluto und machte entsprechende Gesten, ich war der zwiebelköpfige Zeus und hatte zwei Bommelmützen auf, Lena spielte die Athene, die aus dem Kopf des Zeus entspringt. Die anderen mussten erraten, um welche Götter es sich handelt und dann selbst eine Göttin oder einen Gott darstellen und so weiter. Da gab es viel zu lachen!

*Eines Abends haben wir ‚Das Jugendgericht' gespielt. Im Essen-
raum wurde das Licht ausgeschaltet, der ‚Angeklagte' musste sich
bei Kerzenschein vor den Richter (das war Hulda) hinknien, der
ihm befahl: „Sage, wen liebst du!" Die das Spiel nicht kannten,
mussten vor der Tür warten, bis sie an der Reihe waren, die es
schon kannten (man wiederholt einfach ‚wen liebst du'), spielten
die Geschworenen. Die meisten Angeklagten kicherten bloß und
nannten dann irgendeinen erfundenen Namen; nur der dicke,
gutmütige Eberhard druckste lange herum, bekam rote Ohren und
wollte nichts sagen. Hulda bedrängte ihn aber so sehr, dass er
schließlich „die Rita" flüsterte. Alle brachen in schallendes Gelächter aus, und Eberhard hätte beinahe geweint wegen der Bla-
mage. Mir tat er ein bisschen leid, denn er hatte als Einziger die
Wahrheit gesagt und sich damit vor allen bloßgestellt. Rita fühlt
sich geschmeichelt, will aber trotzdem nichts von ihm wissen. Den
ganzen nächsten Tag sägte Eberhard freiwillig Holz fürs Landheim, da brauchte er mit niemandem zu reden. Seitdem hat ihn
keiner mehr gehänselt. Jetzt hat sowieso der Ernst des Lebens oder
wenigstens der Ernst der Schule wieder angefangen. Es grüßt dich
herzlich Hela.*

2. Weihnachtstag 1950

*Dieses Jahr haben wir endlich wieder einen eigenen Christbaum
geschmückt. Am Heiligabend hat Tantmarie Weißwürste gebraten, dazu gab es Sauerkraut und Kartoffeln. Zur Bescherung haben wir die Kerzen am Baum angezündet und Weihnachtslieder
gesungen wie früher mit Mutti. Lissi und ich haben jede ein paar
warme Schuh und Kleiderstoff bekommen, dazu noch Schokolade
und Plätzchen. Nach der Bescherung haben wir ‚Caj mit Rum'
getrunken und Stollen gegessen und sind dann alle vier in die
Christnacht gegangen, Vater in seiner neuen Joppe und Tantmarie
in ihrer schwarzen Pelzjacke, in der sie richtig fein aussieht. Lissi
und ich durften uns abwechselnd die Hände in ihrem Muff wär-
men. Bei Gretel sind wir erst heute gewesen; wir fanden es viel*

schöner, Weihnachten daheim zu verbringen wie in einer richtigen Familie. Wenn ich später selbst Kinder habe, will ich alle Feste mit ihnen feiern, die Geburtstage, Ostern, Weihnachten und zwischendurch noch welche, die wir uns einfach ausdenken – zum Beispiel ein Narzissenfest im Frühling, ein Rosenfest im Sommer und ein Asternfest im Herbst. Wir würden alle Räume mit Blumen schmücken, die Nachbarskinder und die Schulfreunde einladen, Musik machen und tanzen, tanzen ...

Die Schriftzüge des Mädchens verschwimmen vor ihren Augen. Sie stützt den Kopf in beide Hände und blickt hinaus in die Dämmerung des anbrechenden Tages. Sie denkt an ihre Kinder und wünschte, sie hätte ihnen eine bessere Kindheit bieten können.

Da sind sie wieder, die quälenden Fragen. Warum hatte sie damals so lange gewartet mit der Scheidung? War es aus Angst vor dem Status der geschiedenen Frau, dem sozialen Abstieg gewesen? Wollte sie verhindern, dass die beiden älteren Kinder sich vor Gericht dafür entscheiden müssten, bei wem sie bleiben? Ahnte sie nicht, dass sie seelischen Schaden nehmen würden zwischen Eltern, die fast nie einer Meinung sind? Wie wirkt es auf heranwachsende Jugendliche, die genug eigene Probleme haben, wenn ihnen eingetrichtert wird, die Mutter könne keine Liebe geben, da sie als Kind selbst keine empfangen habe? Kein Wunder, dass sie die verletzenden Worte wiederholten, wenn ihnen einer ihrer Erziehungsversuche missfiel. Es war sicher ein Fehler, die endgültige Trennung immer wieder hinauszuschieben und auf eine andere Lösung zu hoffen. War Prinzipientreue im Spiel, das Bestreben, einmal Angefangenes müsse zu Ende gebracht werden? Warum hatte sie mit geradezu sturer Beharrlichkeit geglaubt, die Unvereinbarkeit zweier Charaktere allein überwinden zu können? Viel zu spät war sie zu der Erkenntnis gelangt, wie unsinnig ein solches Unterfangen ist, wenn der Partner auf seinen festgefahrenen Standpunkten beharrt und nicht bereit ist, seine Lebensansichten zu überdenken. Rückblickend versucht sie, ihre damalige Unentschlossenheit zu verstehen. Niemals wird sie es sich verzeihen, die Kinder so lange einer Situation ausgesetzt zu haben, die sie weder begreifen noch verkraften konnten. Sie bezweifelt, ob die psychische Krankheit des einen Sohnes unter anderen familiären Bedingungen derart vehement ausgebrochen und verlaufen wäre. Letztendlich hat die Auflösung der zerrütteten Ehe einen Scherbenhaufen hinterlassen; Irritationen der Kinder, Schuldgefühle, Angst vor der Zukunft. Es ist mühsam gewesen, sich davon zu erholen. Kopfschmerzen und ein beklemmendes Ziehen im Brustkorb beginnen sie zu plagen. Sie geht ins Bad, lässt kaltes Wasser über Gesicht und Hände laufen und macht ein paar Atemübungen am offenen Fenster. Dann setzt sie sich wieder an den Schreibtisch. Die Lampe braucht sie nicht mehr, von außen fällt genug Licht auf das Heft.

31. Dezember 1950

Liebe Ingelore!
Das Jahr geht zu Ende, und ich schreibe dir einen Abschiedsbrief.
Vor den Weihnachtsferien stand in der Lateinstunde an der Tafel:
Tempora muntantur et nos mutamur in illis!
Das heißt, die Zeiten ändern sich und wir ändern uns in ihnen.
Du musst jetzt nicht denken, dass ich mit meinen Lateinkenntnissen angeben will; ich finde nur, dieser Ausspruch passt auf uns beide.
Ich weiß schon lange Zeit nicht, wo und wie du lebst, geschweige denn, wie du jetzt aussiehst. Es gelingt mir viel besser, mir das Gesicht und die Figur meiner Mutti vorzustellen, denn sie bleibt so, wie sie vor ihrem Tod war und kann nicht älter werden. Wenn sie noch lebte, wäre sie jetzt achtunddreißig.

Als wir uns damals trennen mussten, spielten wir noch mit Puppen und waren traurig, dass wir sie nicht mitnehmen durften bei der Vertreibung. Jetzt sind wir schon bald erwachsen und haben neue Freundinnen und Freunde gefunden. Du hattest inzwischen bestimmt andere Erlebnisse und Probleme als ich, aber ich kenne sie nicht und möchte dir nicht immer nur von mir erzählen, ohne jemals eine Antwort zu bekommen. So wie es jetzt ist, könnte ich ebenso gut ein Tagebuch führen. Vielleicht habe ich das auch schon längere Zeit gemacht und mir nur vorgestellt, dass ich an dich schreibe.

Übermorgen geht die Schule wieder los und damit die Fahrerei mit der Bahn. Ein Berg Hausaufgaben ist noch zu erledigen. In dreieinhalb Jahren will ich das Abitur schaffen und danach studieren. Großmutter begreift überhaupt nicht, dass es noch so lange dauert, bis ich ,ausgelernt' habe und endlich Geld verdiene.

In den Weihnachtsferien habe ich einen schönen Film gesehen über eine Windmühle, in der sieben Kinder und ihre Eltern ohne Geldsorgen ein fröhliches Leben führten. Das wäre einer der vielen Träume, die ich habe.

Vielleicht gibt es für uns beide einmal ein Wiedersehen; dann kannst du mir erzählen, wie es dir ergangen ist, was du vorhast und wovon du träumst. Bis dahin lass es dir gut gehen, liebe Ingelore!! In Gedanken umarmt dich deine Freundin Hela aus der Kinderzeit.

Die restlichen Seiten des Schulhefts sind leer. Zwischen ihnen liegt ein vergilbtes Schwarz-Weiß-Foto mit gezacktem Rand. Es zeigt eine Kinderschar in Faschingskostümen. Das knapp vierjährige Mädchen in der ersten Reihe mit dem erwartungsvollen Gesichtsausdruck, dem weißen Schürzchen und der winzigen Umhängetasche ist ein Jahr später beim Bombenangriff auf Dresden umgekommen. Hinter einem Kind mit Tirolerhut und einem anderen mit Schillerlocken steht ein etwa achtjähriges Mädchen mit einer riesigen weißen Schleife in der Haarrolle auf dem Scheitel und großen weißen Knöpfen am Kleidchen. Ein herzliches Lachen ist in dem schönen, ovalen Kindergesicht festgehalten – es ist Ingelores Lachen. Sie ist ihr nie wieder begegnet.

Behutsam legt sie das Foto zusammen mit den Schulheften in den Kasten zurück und verschnürt ihn wieder. Sie verspürt eine tiefe Zufriedenheit und gleichzeitig eine so wohlige Müdigkeit, als hätte sie eine Arbeit geleistet, die längst fällig war, als wäre eine schwierige Aufgabe endlich gelöst. Sie streckt sich auf der Liege aus und schläft sofort ein.

Lang anhaltendes, lautes Klingeln reißt sie aus dem Schlaf. Unten auf der Straße steht ein Möbelwagen, an der Haustür ein junger, kräftiger Mann im blauen Overall.

„Hallo, können wir anfangen?", ruft er.

„Ja", sagt sie lächelnd, „jetzt bin ich so weit."

Bernhard Piatkowski

Jahre hinter Stacheldraht
Berichte deutscher Kriegs-
gefangener 1945–1950

Die befragten Zeitzeugen wurden am Ende
des Zweiten Weltkrieges als Kriegsgefange-
ne oder Zivilisten in Lager am Ural, in Sibirien,
Astrachan, Stalingrad, Moschalsk bei Mos-
kau und im Donezbecken transportiert. Andere von ihnen kamen, wie der Zufall es
wollte, in Texas und England, im französischen
Rennes und Chateauroux, in Waterschei in
Belgien und im dänischen Hjorring am Skager-
rak hinter Stacheldraht.
In den Berichten spiegeln sich die unter-
schiedlichen Arbeits- und Lebensbedingun-
gen und die Sehnsüchte nach baldiger Rückkehr ...

Hardcover   14,5 x 20,2 cm   Seiten: 238
ISBN 3-938227-25-7   17,50 Euro

Paperback   13,8 x 19,6 cm   Seiten: 238
ISBN 3-938227-32-X   14,00 Euro

Friedel
Hohnbaum-Hornschuch

Funken im Rauch

In der bezaubernden Liebesgeschichte treffen zwei junge Menschen aufeinander, deren Lebensläufe nicht unterschiedlicher sein
könnten. René, der sensible, aus Frankreich
zur Zwangsarbeit nach Deutschland depor-
tierte Musikstudent und das zum Bersten mit
Nazi-Ideologie angefüllte deutsche Mädchen Ellen. Sie begegnen sich im duftenden
Sommer des Jahres 1944, kurz vor der Invasi-
on. Welten stehen sich gegenüber, Fremdheit
aber auch Faszination auslösend. Trotz Hass,
Abwehr und Vorurteilen können sie vor dem
überwältigenden Gefühl der ersten Liebe
nicht davonlaufen. Plötzlich ist sie da, aber
sie ist verboten. Für die Deutschen heißt sie
Rassenschande, für die Franzosen ist sie nicht
erwünscht.

Hardcover   14,5 x 20,2 cm   Seiten: 108
ISBN 3-938227-71-0   12,50 Euro